Ulrike Müßig
Gesetzlicher Richter ohne Rechtsstaat?
Eine historisch-vergleichende Spurensuche

Schriftenreihe
der
Juristischen Gesellschaft zu Berlin

Heft 182

W
DE
G
RECHT

De Gruyter Recht · Berlin

Gesetzlicher Richter ohne Rechtsstaat? Eine historisch-vergleichende Spurensuche

Von
Ulrike Müßig

Vortrag,
gehalten vor der
Juristischen Gesellschaft zu Berlin
am 15. Februar 2006

W DE G
RECHT

De Gruyter Recht · Berlin

Professorin Dr. *Ulrike Müßig,*
Lehrstuhl für Bürgerliches Recht sowie Deutsche und Europäische
Rechtsgeschichte an der Universität Passau

Publikationen bis 2005 unter dem Mädchennamen *Ulrike Seif*

Ⓧ Gedruckt auf säurefreiem Papier,
das die US-ANSI-Norm über Haltbarkeit erfüllt.

ISBN 978-3-89949-404-4

Bibliografische Information der Deutschen Nationalbibliothek

Die Deutsche Nationalbibliothek verzeichnet diese Publikation in der Deutschen
Nationalbibliografie; detaillierte bibliografische Daten sind im Internet über
http://dnb.d-nb.de abrufbar.

© Copyright 2007 by De Gruyter Rechtswissenschaften Verlags-GmbH, D-10785 Berlin

Printed in Germany

Satz: DTP Johanna Boy, Brennberg
Druck: Druckerei Gerike GmbH, Berlin
Buchbinderische Verarbeitung: Industriebuchbinderei Fuhrmann GmbH & Co. KG, Berlin

Dem Andenken meines Lehrers und Freundes
Kurt Lipstein (* 17.3.1909 – † 2.12.2006)
gewidmet.

Inhaltsverzeichnis

I. Einführung

Ein Rechtsstaat ist nach allgemeiner Vorstellung Verfassungsstaat und Rechtsschutzstaat. Im Verfassungsstaat regelt ein Verfassungsgesetz alle Staatsgewalt, und der Rechtsschutzstaat sichert die Einhaltung der Rechtsordnung durch Bürger und durch staatliche Organe. Rechtsschutz gewährt der *nach Gesetz zuständige* Richter, so die Formulierung der deutschen Verfassungsgarantie des Art. 101 Abs. 1 S. 2 GG.

Die Rechtsbindung der Gerichtsorganisation garantiert die Rechtsbindung der Justiz:[1] „Art. 101 I 2 GG soll – nach der ständigen Rechtsprechung des BVerfG – der Gefahr vorbeugen, daß die Justiz durch eine Manipulierung der rechtsprechenden Organe sachfremden Einflüssen ausgesetzt wird, insbes. daß im Einzelfall durch die Auswahl der zur Entscheidung berufenen Richter deren Ergebnis beeinflußt wird. Der zur Entscheidung zuständige Richter darf nicht einzelfallbezogen – ad hoc und ad personam – ausgewählt werden. Dies dient der Unabhängigkeit der Rechtsprechung und sichert das Vertrauen des Rechtssuchenden in die Unparteilichkeit des Richters."[2] Für das Verhältnis der Schlüsselbegriffe „unabhängig" und „unparteiisch" einerseits sowie „gesetzlich" andererseits gilt folgendes: Unparteilichkeit setzt Unabhängigkeit voraus; Unparteilichkeit durch Unabhängigkeit. Unabhängigkeit ist dabei nicht nur die sachliche und persönliche Unabhängigkeit, sondern in einem weiteren Sinn Synonym für einen gerechtes, faires Urteil.[3] *Konrad Zweigert* sprach von der inneren Unabhängigkeit des Richters und meinte damit die nur dem Recht unterworfene Rechtsprechung.[4] Schon das mittelalterliche kanonische Recht, als gemeinsame Grundlage der europäischen Prozeßordnungen, forderte die inhaltliche Gerechtigkeit (*iustitia ex animo*) des Richterspruchs.[5] Gerechtigkeit ist damit die zentrale Funktion des Richters, die hinter den Schlüsselbegriffen „unabhängig" und „unparteiisch" steht. Keinen

---

1 Vgl. auch *K. H. Schwab/P. Gottwald*, Generalbericht Verfassung und Zivilprozeß, Constitutional Order and Civil Procedure, in: Effektiver Rechtsschutz und verfassungsmäßige Ordnung, Die Generalberichte für den VII. Internationalen Kongreß für Prozeßrecht Würzburg 1983, hrsg. von Walther J. Habscheid, Bielefeld 1983, S. 1–89.

2 BVerfG NJW 1995, 2703.

3 Vgl. ähnlich *E. Schilken*, Die Sicherung der Unabhängigkeit der Dritten Gewalt, JZ 2006, 860 ff.

4 *K. Zweigert*, Zur inneren Unabhängigkeit des Richters, in: Festschrift für Fritz von Hippel (1967), S. 711, 715.

5 *U. Seif*, Recht und Justizhoheit, Historische Grundlagen des gesetzlichen Richters in Deutschland, England und Frankreich, Berlin 2003, S. 48 ff.

Rechtsstaat ohne gesetzlichen Richter, läßt sich diese höchstrichterliche Lesart des Art. 101 Abs. 1 S. 2 GG zusammenfassen. Meine historisch-vergleichende Spurensuche dreht die zu Art. 101 Abs. 1 S. 2 GG gewohnten Feststellungen um: Gesetzlicher Richter ohne Rechtsstaat? Ziel meiner Ausführungen ist der Nachweis, daß sich die Idee des gesetzlichen Richters in Europa zunächst ganz unabhängig vom modernen Rechtsstaatsbegriff entwickelt hat. Führen werde ich den Nachweis anhand eines historischen Vergleichs der Rechtsbindung der Gerichtsorganisation in England, Frankreich und Deutschland. Diese Auswahl erscheint durch den Repräsentativcharakter dieser Rechtsordnungen für den romanischen, den angelsächsischen und den deutschen Rechtskreis gerechtfertigt.

Wendet man sich einer kurzen Bestandsaufnahme zu, normieren die übrigen Unionsstaaten überwiegend in den Grundrechtskatalogen einen Gesetzesvorbehalt für die richterliche Zuständigkeit: Art. 13 Verfassung des Königreiches Belgien vom 17.2.1994[6]; § 61 Verfassung des Königreiches Dänemark vom 5.6.1953[7]; § 24 Abs. 1 Verfassung der Republik Estland vom 28.6.1992; § 21 Grundgesetz Finnlands vom 11.6.1999; Art. 8 Verfassung der Republik Griechenland vom 11.6.1975[8]; Art. 36 lit. c

---

6 „Niemand darf gegen seinen Willen seinem gesetzlichen Richter entzogen werden." (Art. 13 Koordinierte Verfassung Belgiens vom 17.2.1994, zit. in: Verfassungen der EG-Mitgliedstaaten, dtv-Textausgabe 1996, S. 2). Für Verfassungen in weniger vertrauten Sprachen wurde vom Abdruck der Originaltextstelle abgesehen. Diese finden sich in folgenden Amtsblättern: Riigi Teataja 1992, 26, 349 (estn. Verf.); Suomen säädöskokoelma 731/1999 (finn. Verf.); Dziennik ustaw 1997 Nr. 78 S. 483 (poln. Verf.); Ústava Slovenskej republiky, Ziff. 460/1992 zbierka (slowak. Verf.); Official Gazette of the Republic of Slovenia No. 33/91-I (slowen. Verf.); Sbírka Zákonů České Republiky 1/1993 (tschech. Verf.); Valstybės Žinios, 1992, Nr. 33-1014 (1992-11-30) (litau. Verf.); 1949. évi XX. törvény (ungar. Verf.).

7 „Die Ausübung der richterlichen Gewalt kann nur durch Gesetz geregelt werden. Sondergerichte mit richterlicher Befugnis dürfen nicht errichtet werden." (§ 61 Verfassung des Königreiches Dänemark vom 5.6.1953; zit. in: Textausgabe (Fn. 6), S. 48).

8 „Niemand darf gegen seinen Willen seinem gesetzlichen Richter entzogen werden. Richterliche Ausschüsse und Ausnahmegerichte, unter welchem Namen auch immer, dürfen nicht eingesetzt werden." (Art. 8 Verfassung der Republik Griechenland vom 11.6.1975, zuletzt geändert am 12.3.1986, zit. in: Textausgabe (Fn. 6), S. 157). Die Verfassungsgarantie wird in der einfachgesetzlichen Vorschrift des Art. 109 § 1 griech. Zivilprozeßgesetzbuch 1968 wiederholt. Vgl. auch *G. Mitsopoulos/K. Polyzogopoulos*, Der Einfluß der Verfassung auf das Zivilprozeßrecht, Griechischer Nationalbericht zum Generalbericht Verfassung und Zivilprozeß, Constitutional Order and Civil Procedure auf dem VII. Internationalen Kongreß für Prozeßrecht 1983: Effektiver Rechtsschutz und verfassungsmäßige Ordnung, Athen 1982, S. 5.

Verfassung der Republik Irland vom 1.7.1937[9]; Art. 25 Verfassung der Republik Italien vom 27.12.1947[10]; Art. 92 Verfassung der Republik Lettland vom 1.7.1993; Artt. 109 Abs. 1, 111 Abs. 3, 4, 114 Verfassung der Republik Litauen vom 6.11.1992; Art. 13 Verfassung des Großherzogtums Luxemburg vom 17.10.1868[11]; Art. 39 (1) Verfassung von Malta vom 21.9.1964; Art. 17 Verfassung des Königreiches der Niederlande vom 17.2.1983[12]; Art. 83 Abs. 2, Art. 149 Anh. 2 lit. b § 1 Bundes-Verfas-

---

9 „Unter Beachtung der vorangehenden Vorschriften dieser Verfassung hinsichtlich der Gerichte werden die folgenden Angelegenheiten durch gesetzliche Vorschrift geregelt: c) die Verfassung und die Organisation der besagten Gerichte; die Verteilung der Zuständigkeiten und der Geschäftsbereiche unter die genannten Gerichte und Richter sowie alle Verfahrensfragen ...“ (Art. 36 lit. c der Verfassung der Republik Irland vom 1. 7. 1937, zuletzt geändert am 26. 11. 1992, zit. in: Textausgabe (Fn. 6), S. 233 f.). In den Grenzen der *ultra vires*-Lehre und der *rule of law* ist die Unzuständigkeit eines Richters (*judge who is without legal jurisdiction*) ein Aufhebungsgrund vor dem *High Court* (*J. M. Kelly*, Judicial Protection of the Individual against the Executive in the Republic of Ireland, in: Gerichtsschutz gegen die Exekutive, hrsg. vom Max-Planck-Institut für Ausländisches Öffentliches Recht und Völkerrecht, Band 1: Länderberichte, Köln/Berlin/Bonn/München 1969, S. 425, 431.

10 „Niemand darf seinem gesetzlichen Richter entzogen werden.“ (Art. 25 Verfassung der Republik Italien vom 27.12.1947, zuletzt geändert am 30.10.1993, zit. in: Textausgabe (Fn. 6), S. 246). Zur Ausdehnung von der ursprünglichen Schutzrichtung in der Strafrechtspflege auf alle Gerichtsbarkeiten siehe *R. Romboli*, Il giudice naturale, vol. I, Milano 1981, S. 10 ff.; *A. Pizzorusso*, L'Influence de la Constitution Italienne sur le Droit Judiciaire, Rev.int.dr.comp. 35 (1983), 7, 23.

11 „Niemand darf gegen seinen Willen dem ihm gesetzlich zugewiesenen Richter entzogen werden.“ (Art. 13 Verfassung des Großherzogtums Luxemburg vom 17.10.1868, zuletzt geändert am 12.7.1996, zit. in: Textausgabe (Fn. 6), S. 272). Vgl. auch Art. 86: „Gerichte und Organe für Streitfälle dürfen nur aufgrund eines Gesetzes eingerichtet werden. Es dürfen keine außerordentlichen Kommissionen oder Gerichte unter welcher Bezeichnung auch immer gebildet werden.“ (zit. in: Textausgabe (Fn. 6), S. 281).

12 „Niemand darf gegen seinen Willen dem gesetzlichen Richter entzogen werden.“ (Art. 17 Verfassung des Königreiches der Niederlande vom 17.2.1983, zuletzt geändert am 10.7.1995, zit. in: Textausgabe (Fn. 6), S. 289). Teilweise vertritt die niederländische Lehre ein weites Verständnis des Richter-Begriffs i.S. jeder staatlichen Behörde (vgl. *C. Kortmann*, De Grondwetsherziening, Deventer 1983, S. 106). Dies ist von der Rechtsprechung noch nicht entschieden (*W. G. Wedekind/P. A. M. Meijknecht*, De Invloed van de Grondwet op het Burgerlijk Procesrecht, in: Effectieve rechtsbescherming en constitutionele rechtsorde, hrsg. von Nederlandse Vereniging voor Procesrecht, Utrecht 1984, zit. als Niederländischer Nationalbericht zum Generalbericht Verfassung und Zivilprozeß, Constitutional Order and Civil Procedure auf dem VII. Internationalen Kongreß für Prozeßrecht 1983: Effektiver Rechtsschutz und verfassungsmäßige Ordnung, S. 1, 5).

sungsgesetz der Republik Österreich vom 10.11.1920[13]; Art. 175 Abs. 2, 176 Abs. 2, 177 Verfassung der Republik Polen vom 2.4.1997; Art. 32 Abs. 7 Verfassung der Republik Portugal vom 2.4.1976[14]; Kap. II § 11 Verfassung des Königreiches Schweden vom 1.1.1975[15]; Art. 48 (1) Verfassung der Slowakischen Republik vom 3.9.1992; Art. 23 Verfassung der Republik Slowenien vom 23.12.1991; Art. 24 Abs. 2 Verfassung des Königreiches Spanien vom 29.12.1978[16]; Art. 3 Verfassung der Tsche-

---

13 „Niemand darf seinem gesetzlichen Richter entzogen werden." (Art. 83 Abs. 2 Bundes-Verfassungsgesetz (B-VG) der Republik Österreich vom 10.11.1920, zuletzt geändert am 21.12.1994, zit. in: Textausgabe (Fn. 6), S. 363). Art. 83 Abs. 2 B-VG hat wörtlich die Bestimmung des § 1 Gesetz zum Schutz der persönlichen Freiheit (RGBl. 1862/87) übernommen, das gem. Art. 149 Anh. 2 lit. b § 1 noch in Kraft ist. Die Verfassungsgarantie des gesetzlichen Richters hat in der Judikatur des österreichischen VerfGH eine außerordentlich extensive Interpretation gefunden: Art. 83 Abs. 2 B-VG wurde zu einer Norm zum Schutz der gesetzlich begründeten Behördenzuständigkeiten überhaupt fortentwickelt (vgl. schon 1911 das RG, in: Slg. Hyde 1842, das unter gesetzlichem Richter „nicht bloß Gericht, sondern jede Staatsbehörde" verstand. VerfGH, VfSlg. 2059 (1950): „Denn unter gesetzlichem Richter ist ... das zuständige Vollziehungsorgan überhaupt, also auch die zuständige Verwaltungsbehörde zu verstehen."). Als Richter i.S.d. Art. 83 Abs. 2 B-VG wird vor allem die Verwaltungsbehörde, sogar in ihren funktionellen Zuständigkeiten gewertet. Als Verletzung gilt auch die unrichtige Zusammensetzung einer Kollegialbehörde, vgl. Länderbericht Österreich, in: Gerichtsschutz gegen die Exekutive, Bd. II, S. 864; *K. Berchtold*, Das Recht auf ein Verfahren vor dem gesetzlichen Richter in Österreich, EuGRZ 1982, 246; *O. J. Ballon*, Die Zulässigkeit des Rechtswegs, Berlin 1980, S. 20; *ders.*, Der Einfluß der Verfassung auf das Zivilprozessrecht (= Österreichischer Nationalbericht für den VII. Internationalen Kongreß für Prozessrecht 1983), ZZP 96 (1983), 409, 455 m.w.N.
14 „Keine Rechtssache darf dem aufgrund zuvor ergangenen Gesetzes zuständigen Gericht entzogen werden." (Art. 32 Abs. 7 Verfassung der Republik Portugal vom 2.4.1976, zuletzt geändert am 25.11.1992, zit. in: Textausgabe (Fn. 6), S. 411).
15 „Für bereits begangene Taten, einen bestimmten Rechtsstreit oder ein bestimmtes Verfahren darf nicht eigens ein Gericht errichtet werden." (Kapitel 2 (Grundrechte und Freiheiten) § 11 Verfassung des Königreichs Schweden vom 1.1.1975, zuletzt geändert am 1.1.1980, zit. in: Textausgabe (Fn. 6), S. 492).
16 „Ebenso haben alle das Recht auf einen vom Gesetz bestimmten ordentlichen Richter." (Art. 24 Abs. 2 Verfassung des Königreiches Spanien vom 29.12.1978, geändert am 27.8.1992, zit. in: Textausgabe (Fn. 6), S. 527). Die Verfassungsgarantie des Art. 24 Abs. 2 gewährleistet den Rechtsschutz vor einem durch Gesetz vorausbestimmten ordentlichen Richter und verstärkt damit das Verbot der Ausnahmegerichte in Art. 117 Abs. 6 der spanischen Verfassung, nach dem die Rechtssache nicht vor einem ad hoc für den Einzelfall oder vor einem nach Rechtshängigkeit errichteten Gericht verhandelt werden darf (*R. Mendez*, Der Einfluß der Verfassung auf das Zivilprozeßrecht (spanischer Nationalbericht zum Generalbericht Verfassung und Zivilprozeß, Constitutional Order and Civil

chischen Republik vom 16.12.1992 i.V.m. Art. 38 Abs. 1 der Charta der Grundrechte und -freiheiten vom 16.12.1992; Art. 57 Abs. 1 Verfassung der Republik Ungarn vom 20.8.1949 und Art. 30 Abs. 1 Verfassung der Republik Zypern vom 16.8.1960.

Das französische Verfassungsrecht kennt einen ungeschriebenen Verfassungsgrundsatz des *juge naturel* als Ausdruck der Gleichheit vor dem Gesetz (*égalité devant la loi*[17]) gem. Art. 6 Erklärung der Menschen- und Bürgerrechte vom 26.8.1789[18] i.V.m. der Präambel der Verfassung der V. Republik vom 4.10.1958[19]. Nur in Großbritannien, dessen konstitutionelle Monarchie ohne geschriebene Verfassung funktioniert, wird die richterliche Zuständigkeit nicht im voraus abstrakt generell durch Gesetz bestimmt, sondern ad hoc durch vorsitzende Richter (*senior judges*) eingeteilt. Weder der gesetzliche Richter noch der *juge naturel* sind dem common lawyer ein Begriff, der mit der Maxime aufwächst: „*... that justice should not only be done, but should manifestly and undoubtedly be seen to be done.*"[20]

Vergleichen werde ich die Entwicklungen der einzelstaatlichen Garantien des gesetzlichen Richters anhand der konkreten Konfliktlage, gegen die das Recht auf den gesetzlichen Richter formuliert ist. Vergleichspunkte sind also die Schutzrichtungen der einzelstaatlichen Formulierungen. In der englischen, französischen und deutschen Justizgeschichte entwickelt sich die Rechtsbindung der Gerichtsorganisation in Abwehr von Eingriffen

Procedure auf dem VII. Internationalen Kongreß für Prozeßrecht 1983: Effektiver Rechtsschutz und verfassungsmäßige Ordnung), zit. als *R. Mendez*, La influencia de la constitucion en el derecho procesal civil, Justicia 83, 9, 27 ff.).

17 Übersetzung „Gleichheit vor dem Gesetz" arg. Art. 6 S. 3, S. 4 a.E. Erklärung der Menschen- und Bürgerrechte 1789: „*La loi doit être la même pour tous, soit qu'elle protège, soit qu'elle punisse. Tous les citoyens étant égaux à ses yeux.*" (zit. in: *F.-A. Hélie*, Les Constitutions de la France, Paris 1875. 1. fasc, S. 31).

18 Art. 6: „Das Gesetz ist Ausdruck des allgemeinen Willens. Alle Bürger haben das Recht, persönlich oder durch ihre Repräsentanten an seiner Gestaltung mitzuwirken. Es soll für alle gleich sein, mag es beschützen oder strafen. Da alle Bürger in seinen Augen gleich sind, sind sie in gleicher Weise, nur nach ihrer Fähigkeit und ohne einen anderen Unterschied als den ihrer Tugenden und ihrer Talente zu allen Würden, Stellen und Ämtern zugelassen." (*D. Willoweit/U. Seif*, Europäische Verfassungsgeschichte, München 2003, S. 252).

19 Die geltende französische Verfassung von 1958 verweist in ihrer Präambel auf die Erklärung der Menschen- und Bürgerrechte 1789 und auf die Präambel der Verfassung von 1946. Die Verfassung von 1946 verweist ihrerseits in der Präambel nicht nur auf die Erklärung der Menschen- und Bürgerrechte 1789, sondern auch auf die von den Gesetzen der Republik anerkannten Grundprinzipien (*principes fondamentaux reconnus par les lois de la République*).

20 *R. v. Sussex Justice, ex parte McCarthy* [1924] 1 KB 256 at 259 per *Lord Hewart*.

in die Justiz durch Ausnahmegerichte. Das Ausnahmegericht ist Synonym für eine abhängige Justiz. Ausnahmegericht par excellence ist der Kommissar des absolutistischen Monarchen. Gegen dessen Justizkommissionen erheben sich die Forderungen nach dem zuständigen, dem gesetzlichen Richter. Die Zuständigkeit wird so zum Ausdruck eines innerlich unabhängigen Rechtsspruchs: Die Entscheidung des ad hoc für bestimmte Fälle eingesetzten Kommissars ist weisungsgebunden und abhängig, die des allgemein zuständigen Richters unabhängig.

II. Vergleich

1. Kanonistische Grundlagen für die Rechtsbindung der Gerichtsorganisation

Ausgangspunkt der Suche nach Ursprung und Geschichte der Garantie des gesetzlichen Richters ist die in C.2 q.1 c.7 verankerte Gerechtigkeitsfunktion des *ordo iudiciarius*. Eine maßgebliche Leistung des gelehrten kanonischen Rechts liegt in der Konzeption der richterlichen Zuständigkeit als Verfahrensgarantie. Dem justinianischen römischen Prozeß war eine Ausgestaltung der Verfahrensvoraussetzungen als Einreden unbekannt.[21] Erst der *ordo iudiciarius* des gelehrten Prozeßrechts hat den Schutz der Parteien vor einer verfahrensfehlerhaften Verurteilung zum Gegenstand.

In der dem gelehrten Prozeß eigenen gegenseitigen Durchdringung des gelehrten römischen und des gelehrten kanonischen Rechts überwinden Dekretistik[22] und frühe Dekretalistik[23] im Zuge der kirchlichen Rezeption des römischen *iurisdictio*-Begriffes die rein örtliche Zuständigkeitsvorstellung der Legisten in C.7.48 und C.7.45.14 und entwickeln die richterliche Zuständigkeit als Verfahrensgarantie (X 2.1.4)[24].

---

21 Codex 3.1.16: „*cum post litem contestatam neque appellare posse ante definitivam sententiam iam statuimus neque recusare posse, ne lites in infinitum extendantur.*" Vgl. statt vieler *M. Kaser/K. Hackl*, Das Römische Zivilprozeßrecht, 2. Aufl., München 1996, S. 495 f.

22 Z.B. *Étienne de Tournai*, Summa Decreti, ad Causa 2 quaestio 1 canon 7, Paris Bibliothèque Nationale, lat. 3912, fol 40v; *Johannes Teutonicus*, Glossa ordinaria, in der Überarbeitung des Bartholomäus Brixiensis, 1528, ad Causa 2 quaestio 1 canon 7 sub verbo non a suo iudice.

23 Z.B. *Richardus Anglicus*, Apparatus Comp. 1, Modena Bibl. Estense lat. 968, fol 16va; *Bernardus Parmensis de Botone*, Glossa ordinaria ad liber extra, 1528, ad liber extra 2.1.4 sub verbo Non tenet.

24 Die Dekretale *At si clerici* (1177) von Alexander III. (1159–1181) an den

Dieses Zuständigkeitsverständnis als Element der verfahrensrechtlichen Gerechtigkeit (*iustitia ex ordine*) führt zusammen mit der prozessualen Verrechtlichung der richterlichen Wissensermittlung zur Komplementarität von verfahrensrechtlicher (*iustitia ex ordine*) und inhaltlicher Gerechtigkeit (*iustitia ex animo*). Aus der Verbindung der Gerechtigkeit *ex ordine* und *ex animo* mit der Verfahrensgarantie des zuständigen Richters folgt das in X 1.4.3 enthaltene Verbot der Trennung zwischen Richter und Urteiler.[25] Der selbsturteilende Richter, dessen Zuständigkeit die verfahrensmäßige und inhaltliche Gerechtigkeit seiner Entscheidung garantiert, wird in der Figur des Offizials verwirklicht. Die Koinzidenz dessen ersten Auftretens zu der mit der *Summa Decreti* (1166–1169) des Étienne de Tournai einsetzenden Bearbeitung der Fragen richterlicher Zuständigkeit deutet auf einen inhaltlichen Zusammenhang hin: Solange der kirchliche Richter als bischöflicher Sendherr nur eine verfahrensleitende Funktion hatte, spielten Zuständigkeitsfragen keine Rolle. Erst mit dem selbsturteilenden Richter interessiert die Frage nach dem zuständigen Richter, haben Zuständigkeitsregeln eine Schutzrichtung zugunsten der Parteien.

Durch die europaweite Ausbreitung der Offizialate[26] setzt sich die von der Kanonistik grundgelegte Gerechtigkeitsfunktion der Verfahrensordnung in den Rezeptionsgebieten durch.

2. Entwicklung der Rechtsbindung der englischen Justizhoheit

Grundlegend für die englische Gerichtsverfassung ist die im 12. Jahrhundert erreichte Zentralisation der Justiz, die durch die Adaption angelsächsischer

---

Erzbischof von Salerno behandelt nach ihrer *Relatio facti* das *privilegium fori* und die weltliche Bestrafung eines degradierten (und damit schon kirchlich bestraften) Klerikers. Das weltliche Urteil gegen einen durch das *privilegium fori* geschützten Kleriker ist nichtig: „*Sicut enim sententia a non suo iudice lata non tenet.*"

25 Das in der Dekretale *ad nostram audientiam* 1199 von Innozenz III. an den Bischof von Passau gerichtete Verbot der gewohnheitsmäßigen Trennung von Richtern und Urteilern bezeichnet den nichtrichterlichen Urteiler als unzuständigen Richter (*non suus iudex*) und sein Urteil als nichtig (*sententia a non suo iudice nullam obtineat firmitatem*).

26 Statt vieler: W. Trusen, Die Gelehrte Gerichtsbarkeit der Kirche, in: H. Coing (Hrsg.), Handbuch der Quellen und Literatur der neueren europäischen Privatrechtsgeschichte I, 1973, S. 467, 468 ff. Grundlegend zur Geschichte der Offizialate in Frankreich: P. Fournier, Les officialités au moyen age, Étude sur l'organisation, la compétence et la procédure des tribunaux ecclésiastiques ordinaires en France, de 1180 à 1328, 1880, S. 1 ff. und die Übersicht ebda. S. 309 ff. Für England vgl.: W. Stubbs, Report on Ecclesiastical Courts, Historical Appendix No. 1, in: Parliamentary Papers 24, 1883, S. 1 ff.

Einrichtungen nach der normannischen Eroberung 1066 ermöglicht wird. Aus der *curia regis* heraus entsteht am Sitz des Königshofes in Westminster[27] zunächst der *Exchequer* (1100/1110), dessen Jurisdiktion als *Court of Exchequer* sich auf die Angelegenheiten einer königlichen Finanzbehörde beschränkt: Steuerrechtstreitigkeiten und Eigentumsangelegenheiten der Krone. Erst im 13. Jahrhundert fallen auch private Schuldklagen in seine Zuständigkeit, wobei die Gerichtsfunktion durch die Autonomie gegenüber der *chancery*, mit dem Doppel des großen königlichen Siegels (*the king's great seal*) eigene *writs* auszustellen, ein Ausmaß annahm, das die königlichen Finanzgeschäfte beeinträchtigte und daher ab 1280 wieder eingeschränkt wurde. Zu diesem Zeitpunkt hatte sich bereits – von Quellen *de banco rolls*[28] belegt – ein Zivilgerichtshof aus dem Kronrat abgespalten: *the bench*, später (wohl nach der Garantie des Art. 17 Magna Carta 1215[29]) *Bench of Common Pleas* (auch *the Common Bench*). Der *Court of Common Pleas*[30] war zuständig für Streitigkeiten zwischen Privaten, namentlich für

---

27 Die Westminster Hall als ältester noch erhaltener Teil des 1079–1099 von William II erbauten Westminster Palace war 1178–1882 Sitz der königlichen Gerichte. Der *Court of King's Bench* tagte in der Südostecke, der *Court of Common Pleas* in der Mitte der *Westminster Hall* und der *Court of Exchequer* in einem an der Nordwestseite angrenzenden Zimmer.

28 1234 *de banco rolls* und *coram rege rolls*, 1236 *plea rolls* des *court of exchequer*.

29 „Common pleas shall not follow our court but shall be held in some fixed place." (lat.-dt. bei *Willoweit/Seif* (Fn. 18), S. 10). Die Art. 17 Magna Carta zugeschriebene feste Einrichtung dieses Gerichtshofes für Besitzprozesse zwischen Privaten in Westminster versteht William Blackstone (Commentaries on the Laws of England, Book III, chap. III, ND Erstausgabe Oxford 1765–1769, Chicago/London 1979, S. 38 f.) als entscheidenden Wendepunkt für die englische Rechtsentwicklung. Die von ihm angeführten Argumente überzeugen: Die Ortsbindung des Gerichts, vor dem grundlegende Prozesse über Besitzrecht, Besitzantritt und widerrechtliche Enteignung verhandelt wurden, zog eine auf Landrecht spezialisierte Gemeinschaft von Juristen an: Es bildeten sich Korporationen von Anwälten, deren Plädoyers seit 1283 in den *Year Books* überliefert wurden. Zu den *Year Books* ausführlich *Seif*, Justizhoheit (Fn. 5), S. 177 ff. Zu Blackstone ausführlich *dies.*, Art. „Blackstone, William", HRG I, 2. Auflage, Berlin 2004, 3. Lieferung, Sp. 614 ff.

30 Die durchgängige Tätigkeit sowohl von Richtern *coram rege*, als auch von solchen *de banco* wird ab 1234 belegt durch zwei separate Serien von Verhandlungsprotokollen (*plearolls*), die parallel bis zur Reorganisation der obersten Gerichtshöfe durch Schaffung des *Supreme Court of Judicature* (1875) fortlaufen. Die Westminster Hall teilte die anfallenden *common pleas* nicht nur mit den *barons of the Exchequer*, die über fiskalische Streitfälle richteten, sondern auch mit den Richtern *coram rege*, die lange vor 1500 ihre Reiserichtertätigkeit aufgaben und den als King's Bench bekannten Gerichtshof begründeten. Der *Court of Common Pleas* verfügte niemals über mehr als einen Oberrichter (*chief justice*) und drei nachgeordnete Richter (*justices of Common Pleas*).

Klagen auf Rückgabe von Grundstücken (*real actions*), für Klagen auf Zahlung bestimmter Schulden (*debts*) und für Klagen wegen Vorenthaltung des Besitzes (*detinue*). Seit dem Regierungsantritt von Johann Ohneland (1199) sind auch Urkunden eines mit dem Königshof reisenden Gerichts „*coram rege*", des späteren *Court of King's Bench* überliefert, der Rechtsfälle behandelte, die das königliche und damit das öffentliche Interesse berührten, also vor allem unerlaubte Handlungen und Straftaten.[31] Durch die Herrschernähe genoß der *Court of King's Bench* eine gewisse Vorrangstellung: Er war zuständig für Hochverrat (*treason*) und Felonie (*felony*) und konnte gewaltsame Besitzstörung (*actions of trespass*) ohne *writ*, nur aufgrund einer Petition (*bill of trespass*), verfolgen. Pairsgericht und oberstes *common law*-Gericht war das *House of Lords*. Als Höchstgericht hatte es Rechtsmittelfunktion (*writ of error*), eine Zuständigkeit für schwierige Fälle (*difficult cases*) und für Staatsschutzprozesse (*state trials*).

Vor der Zentralisierung in Westminster wurde die königliche Justiz durch Reiserichter (*justiciae errantes*, später *justiciarii in itinere, judges on eyre*)[32] regelmäßig vor Ort ausgeübt, so daß lokale Gerichte keine Rolle spielten. Die ersten Gerichtssitzungen in den sechs sog. Gerichtsbezirken (*circuits*) werden auf 1176 datiert.

---

31 Erst im 16. Jahrhundert kam mit der Verdrängung des *writ of debt* durch den *writ of assumpsit* die Zuständigkeit für Vertragsklagen hinzu (vgl. dazu ausführlich *U. Seif*, Der Bestandsschutz besitzloser Mobiliarsicherheiten im deutschen und englischen Recht, Tübingen 1997, S. 151 f.).

32 Die Sonderbeauftragten, die 1086 die Enquête für das *Domesday Book* durchführten, können als erste Richter dieser Art betrachtet werden, denn sie mußten, bevor sie allen Grundbesitz verzeichnen konnten, Streitigkeiten um Besitzansprüche (*clamores*) entscheiden; zu diesem Zweck vernahmen sie Geschworene der Grafschaften (*counties*) und Hundertschaften (*hundreds*) als Zeugen. Henry I (1100–35) entsandte von seinem Hof gelegentlich *justices of all England*, doch oblag die Festigung und Kontrolle der Rechtsprechung in den *shires* vorzugsweise der Tätigkeit der *justiciarii comitatuum*. Diese örtlichen Richter wurden erst unter Henry II 1166 abgelöst. Um das Land von der unter Stephan von Blois aufgetretenen Anarchie zu befreien, betraute jener Geoffrey de Mandeville und Richard de Luci mit der Untersuchung von Kriminalfällen, die gemäß den Assisen von Clarendon in den Grafschaften angezeigt worden waren, sowie mit der Entscheidung über Klagen über ungerechte Enteignung von Land, aufgrund der ebenfalls neugeschaffenen Prozeßform der *assize of novel disseisin*. Seit 1176 wurden Gruppen von Richtern stets alle paar Jahre neu entsandt, wobei jedoch der Zwischenraum zwischen den Reisen variabel war. Belegt ist die Tätigkeit der Reiserichter vor 1194–95 in den *Pipe Rolls* durch Gebühren für *writs* und für Bußgelder; seit den Visitationen von 1194–95 beginnt die Überlieferung von *plea rolls* (Gerichtsprotokollen) und *final concords* (Schlußvereinbarungen), die Streitfälle um Landbesitz schlichteten.

Seit der frühesten Zeit normannischer Herrschaft ist der König oberster Richter,[33] und die Gerichtsbarkeit ist für den monarchischen Herrschaftsanspruch grundlegend.[34] Symbol der Zentralisierung ist das *common law*,[35] das als gemeines Recht die örtlichen Gewohnheiten verdrängt. Der englische Monarch konnte in die zentralen *common law*-Gerichte, den *Court of King's Bench,* den *Court of Common Pleas* und den *Court of Exchequer,* kraft seiner Justizhoheit (*prerogative*) nicht eingreifen. Vielmehr übte er in den außerordentlichen Gerichten (*prerogative courts*), Sternkammer (*Star Chamber*)[36], Hohe Kommission (*Court of High Commission*)[37] und Kanzleigericht (*Court of Chancery*)[38] seine Gerichtsbarkeit unmittelbar durch politisch abhängige Beauftragte nach Ermessen aus.[39] Im Kampf gegen diese – bis auf die Chancery – 1641 abgeschafften Ausnahme-

---

33 *H. Bracton,* De Legibus et Consuetudinibus Angliae, ed. by G. E. Woodbine/ H. Bracton, On the laws and customs of England, translated, with revisions and notes, by Samuel Edward Thorne, Vol. II, Cambridge/Massachusetts 1968, S. 33: „*Sic ergo rex, ne potestas sua maneat infrenata. Igitur non debet esse maior eo in regno suo in exhibitione iuris, minimus autem esse debet, vel quasi, in iudicio suscipiendo si petat.*"

34 *H. Bracton* (Fn. 33), S. 305: „*Ad hoc autem creatus est rex et electus, ut iustitiam faciat universis.*"

35 Die Bezeichnung *common law* beschreibt hier das Richterrecht der Königsgerichte *Court of King's Bench, Court of Common Pleas, Court of Exchequer* im Unterschied zur billigkeitsrechtlichen Rechtsprechung (*equity*) der Kanzleigerichte *Court of Chancery, Appeal Court of Chancery* und zu den Gesetzen (*statutes*) des Parlaments.

36 Das Gericht der *Star Chamber* verselbständigte sich unter den Tudors (1485–1603) aus den Gerichtssitzungen des Kronrates.

37 Das um 1570 zum *Court of High Commission* institutionalisierte Kommissionswesen kirchlicher Kommissionen sicherte die anglikanische Reformation (*Act of Supremacy* 1534 (26 Henry VIII, c. 1), bestätigt durch den *Act of Supremacy* 1559 (1 Eliz. I, c. 1)), gegen die Opposition der Romtreuen und der Puritaner.

38 Aus der Delegation der Ausübung der Justizhoheit auf den *Lord Chancellor* geht der *Court of Chancery* hervor.

39 Die Kronräte in der Sternkammer handelten als Beauftragte des Monarchen (Henry E. Huntington Library, San Marino California Ellesmere MS 2655, fo. 10 v; *Th. G. Barnes,* Star Chamber, Litigants and their Counsel, 1596–1641, in: Legal Records and the Historian, ed. by Baker, London 1978, S. 7 ff.). Die strikte Weisungsgebundenheit der Kommissare des *Court of High Commission* läßt sich anhand der königlichen Auftragsurkunden (*letters patent*) darstellen (The Letters Patent of 1611, zitiert in: G. W. Prothero (ed.), Select Statutes and other Constitutional Documents illustrative of the reigns of Elizabeth and James I, 4th edition, Oxford 1913, S. 424 f. Vgl. auch die Auftragsurkunden in: C. Stephenson/ F. G. Marcham (ed.), Sources of English Constitutional History: A selection of documents from A. D. 600 to the present, New York 1937, Nr. 84, S. 384 ff.).

gerichte formulierten die *common law*-Juristen den Vorrang des Rechts (*common law*) vor der monarchischen Prärogative (*royal prerogative*).[40] Dieser Vorrang ist im Primat des Rechts (*Supremacy of law*) nach der von Sir Edward Coke formulierten Vernunftkonzeption des *common law* grundgelegt:[41] Das vernunftlegitimierte *common law* garantiert die Voraussehbarkeit des Rechtsspruchs,[42] während die Prärogative durch Ermessen ausgeübt wird. Der Vorrang des Rechts vor der Prärogative schließt den Monarchen von der persönlichen Ausübung der Justizhoheit aus[43] und sichert damit den Bestand der ordentlichen Gerichtsbarkeit.

---

40 Art III *The Act for the Abolition of the Court of Star Chamber* vom 5.7.1641 (17 Car. I c.10; S. R. Gardiner (ed.), The Constitutional Documents of the Puritan Revolution 1625–1660, 3rd ed. Oxford 1906, Nr. 34, S. 179 ff.): *„Be it likewise declared and enacted by authority of this present Parliament, that neither His Majesty nor his Privy Council have or ought to have any jurisdiction, power or authority by English bill, petition, articles, libel, or any other arbitrary way whatsoever, to examine or draw into question, determine or dispose of the lands, tenements, hereditaments, goods or chattels of any the subjects of this kingdom, but that the same ought to be tried and determined in the ordinary Courts of Justice and by the ordinary course of the law."*

41 *Prohibitions del Roy* (1607 = Mich. 5 Jacobi 1) 12 Co. Rep. 64 = 77 ER 1343 per *Edward Coke, C. J.*: *„then the king said, that he thought the law was founded upon reason, and that he and others had reason, as well as the Judges: to which it was answered by me, that true it was, that God had endowed His Majesty with excellent science, and great endowments of nature; but His Majesty was not learned in the laws of his realm of England, and causes which concern the life, or inheritance, or goods, or fortunes of his subjects, are not to be decided by natural reason but by artificial reason and judgment of law, which law is an act which requires long study and experience, before that a man can attain to the cognizance of it."*

42 *„Certainty the mother of repose".* (Coke Second Reports, 75a = 76 ER 585 (*Lord Cromwel's Case*); Third Reports 91b = 76 ER 844 (*The case of fines*); Eigth Reports 53a = 77 ER 552 (*Syns's Case*)).

43 *Prohibitions del Roy* (1607 = Mich. 5 Jacobi 1) 12 Co. Rep. 64 = 77 ER 1342 per *Edward Coke, C. J.*: *„To which it was answered by me ... that the King in his own person cannot adjudge any case, either criminal, ... or betwixt party and party ... but this ought to be determined and adjudged in some Court of Justice, according to the law and custom of England; and always judgements are given, ideo consideratum est per Curiam, so that the Court gives the judgement."* Abgesehen vom billigkeitsrechtlichen Korrekturbedarf im alten *Court of Chancery*. Nach dem Ergänzungscharakter der Billigkeitsrechtsprechung (*equity follows the law*) ist ein Eingriff in die *common law*-Gerichtsbarkeit ausgeschlossen. *Hervey v. Aston* (1738) West T. Hard. 350, 425 = 25 ER 975, 977 per *Lord Chancellor Hardwicke*. Vgl. auch *Anonymus* (1746) 3 Atkyns 350 = 26 ER 1002; *Jesus College v. Bloom* (1745) 1 Ambler 54 = 27 ER 30; *Lord Montague v. Dudman* (1751) 2 Vesey Sen. 396 = 28 ER 253.

Die darauf beruhende Unabhängigkeit der *common law*-Gerichte gründet sich nicht auf der Institutionalisierung einer Rechtsgewährung, sondern auf dem allgemeinen Konsens seit Vorzeiten (*concept of immortality, immortal custom*).[44] Daher kennt das englische Recht – im Unterschied zu den positiven kontinentaleuropäischen Verfassungsgarantien – nicht die Gewährung bestimmter Gerichte für die Rechtssuchenden, sondern nur die Rechtsbindung der Prärogative, nicht eigenmächtig außerordentliche Gerichte (*prerogative courts*)[45] zu schaffen.

Nach der in der *Bill of Rights* verbrieften Herrschaft des Rechts (*rule of law*)[46] und Parlamentssouveränität (*sovereignty of Parliament*)[47] beruht ein ordentliches Gericht (*ordinary court*) auf Gewohnheit (*common law*) oder auf Parlamentsgesetz (*statute*). Während die Zuständigkeit der durch *statute* errichteten Gerichte gesetzlich bestimmt wird, ist die Zuständigkeit der *common law*-Gerichte aufgrund ihrer historischen Kontinuität (*concept*

---

44 Vgl. *C. St. German*, Dialogue between a Doctor of Divinity and a student of the common law of England, ed. by Th. F. Th. Plucknett / J. L. Barton, London 1974, S. 45: *„the common law proper was divers general customs of old time used through all the realm, which have been accepted and approved by our sovereign lord the King and his progenitors and all their subjects."* *Sir E. Coke*, The First Part of the Institutes of the Laws of England: A Commentary upon Littleton, vol. I, 2nd book, 15th edition by Ch. Butler/F. Hargrave, London 1794, S. 97 b: *„if all the reason that were dispersed into so many heads were united into one, yet would he not make such a law as the law of England is, because by many successions of ages it hath been fined and refined by so many learned men."*

45 Der *Court of Chancery* und der *Court of Appeal of Chancery* werden als *prerogative courts* wegen der Notwendigkeit der Korrekturfunktion anerkannt. Denn mangels Anpassungsfähigkeit des *common law* aufgrund seines enumerativen *writ*-Systems und seiner Jury-Konzentrierung war die jurisdiktionelle Separation der rechtsmodifizierenden Funktion in den *equity*-Gerichten notwendig.

46 Bill of Rights 1689 (1 Gul. & Mar. Sess. 2 c.2), I 2. Abschnitt Nr. 3: *„That the Commission for erecting the late Court of Commissioners for Ecclesiastical Causes, and all other Commissions and Courts of like Nature, are illegal and pernicious."* (zit. nach Statutes at Large of England and of Great-Britain, Vol. III, S. 276).

47 Die Parlamentssouveränität wird 1689 in Art. XI Bill of Rights durchgesetzt: *„All which Their Majesties are contented and pleased shall be declared, enacted, and established by Authority of this present Parliament, and shall stand, remain and be the Law of this Realm for ever; and the same are by Their said Majesties, by and with the Advice and Consent of the Lords Spiritual and Temporal, and Commons, in Parliament assembled, and by the Authority of the same, declared, enacted, and established accordingly."* (1 Gul. & Mar. Sess. 2 c.2, zit. nach Statutes at Large of England and of Great-Britain, Vol. III, 275, 278) Ebenso die Einleitungsformel englischer Gesetze: *„Be it enacted by the Queen's most Excellent Majesty, by and with the advice and consent of the Lords Spiritual and Temporal, and Commons, in Parliament assembled, and by the Authority of the same, as follows."*

of immortality) nicht erst durch das Parlament verliehen und im Umfang gesetzlich bestimmt, sondern ursprünglich und damit umfassend. Diesen Unterschied illustriert die umfassende, ursprüngliche Zuständigkeit des englischen *High Court of Justice* einerseits und die begrenzte, durch Einzelzuweisungen in den Parlamentsgesetzen eingerichtete Zuständigkeit der *County Courts* andererseits;[48] gleiches gilt für den schottischen *Court of Session* im Vergleich mit den *Sheriff Courts*.[49] Auch wenn die Mehrzahl der englischen Gerichte durch Parlamentsgesetz (*statute*) geschaffen und mit einer gesetzlich bestimmten Gerichtsbarkeit (*statutory jurisdiction*) ausgestattet ist, ist die historische Kontinuität der *common law*-Jurisdiktion grundlegend für das Verständnis der englischen Gerichtsorganisation, die ohne Garantie des gesetzlichen Richters funktionieren kann. Denn die *common law*-Regelbindung des als pars pro toto für das ganze Gericht entscheidenden Richters macht die Formulierung einer Garantie des gesetzlichen Richters überflüssig.[50] Jeder Richter garantiert – zumindest in der Theorie – die gleiche innere Unabhängigkeit der Entscheidung.

3. Entwicklung der Rechtsbindung der französischen Justizhoheit

Die Rechtsbindung der Justizhoheit der französischen Monarchen (*justice retenue*) begründet die französische Rechtswissenschaft des 16. Jahrhunderts (also des französischen Antimachiavellismus unter der Federführung von

---

48 Vgl. zu den durch den *County Courts Act* 1846 geschaffenen *County Courts*: *„the jurisdiction is entirely statutory so that if, in any matter, statute provides no jurisdiction then non exists."* (*R. Walker/R. Walker*, Walker&Walker, English Legal System, 8th edition, London/Dublin/Edinburgh 1998, S. 166); *dies.*, ebda. S. 396: *„Because county courts are the creation of statute, their jurisdiction derives entirely from statute."*

49 Im Gegensatz zur in *sec. 4 Sheriffs Court Act 1907 c. 235* gesetzlich umschriebenen Gerichtsbarkeit der durch Parlamentsgesetz errichteten *Sheriff Courts* wird die ursprüngliche, nicht erst durch Gesetz verliehene *common law*-Gerichtsbarkeit des *Court of Session* im *Court of Session Act* 1988 nicht bestimmt. Vielmehr legt letzterer nur die Zusammensetzung des *Court of Session* und die maximale Anzahl der Richter (40) fest. In dem (schottischen) Fall *West v. Secretary of State for Scottland* ([1992] Scots Law Times, S. 636 ff.) wurde die Gerichtsbarkeit des *Court of Session* gegen Verwaltungsakte der Exekutive (*judicial review*) mit der Begründung angenommen, daß der *Court of Session* aufgrund seiner gewachsenen Gerichtsbarkeit eine allgemeine Zuständigkeit für Fälle jeden Typs (*criminal law, ordinary civil cases, judicial review*) habe.

50 *A. V. Dicey*, Introduction to the Study of the Law of Constitution, The true nature of constitutional law, Reprint 8th edition London 1915, Indianapolis (Liberty Fund) 1982, S. 202 f.

Jean Bodin) mit der Verpflichtung des Souveräns auf die Staatsgrundgesetze (*lois fondamentales*) als Verkörperung einer natürlichen, übergesetzlichen Gerechtigkeit (*aequitas, équité*)[51]. Die darin angelegte Unterscheidung zwischen dem Willen des Souveräns, den er als Gesetz (*loi*) befehlen kann,[52] und der Gerechtigkeit des natürlichen und göttlichen Rechts (*droit*) ist der argumentative Schlüssel zum ständischen Protest gegen monarchische Kommissionen.[53]

Der begriffliche Gegensatz zwischen ständischem Justizamt (*office*) und königlichem Auftrag (*commission*) setzt den formalen Verstoß gegen die Zuständigkeitsordnung der Justizämter mit inhaltlicher Willkür gleich: Der Inhaber eines ständischen Justizamtes ist selbständig, der königliche Kommissar weisungsabhängig.[54] Die gesetzesgebundene Entscheidung des ersteren ist vorhersehbar, während die weisungsgebundene Einzelfallentscheidung des Kommissars willkürlich ist.

Die Gegenüberstellung von Justizamt (*office*) und Auftrag (*commission*) ist übereinstimmendes Motiv des in den Ordonnances des 15., 16. und 17. Jahrhunderts dokumentierten ständischen Kampfes gegen königliche Justizkommissionen. Die *Ordonnance de Montils-les-Tours* 1453[55], die

---

51 „*Si donc le Prince souuerain n'a pas puissance de franchir les bornes des loix de nature, que Dieu, duquel il est l'image, a posees, il ne pourra aussi prendre le bien d'autry sans cause qui soit iuste & raisonnable*" (*J. Bodin*, Les six Livres de la République avec l'Apologie de R. Herpin, liv. I, chap. VIII, Paris 1583, ND Aalen 1961. S. 156 f.).

52 *Bodin*, République (Fn. 51), liv. I, chap. VIII, S. 133: „*Car tel est notre plaisir*".

53 Artikel 23 der Ordonnance du lieutenant général rendue en conséquence des demandes des États généraux vom 3.5.1356 enthielt die Zusage: „*Nous qui desirons que chacun use de ses droiz, avons ordonné et ordonnons que toutes justices et juridictions soient laissez aux juges ordinaires.*" (zit. in: A. J. L. Jourdan/Décrusy/F. A. Isambert (ed.), Recueil Général des Anciennes Lois Françaises depuis l'an 420 jusqu'à la révolution de 1789, Tome IV: 1327-1357, Paris 1824, S. 829). In Artikel 27 schloß sich folgendes Verbot der Kommissionen an: „*nous avons ordonné et ordonnons que dès maintenant doresenavant telles commissions soient nulles, et oultre ne soient passées ... et voulons que les juges ordinaires des parties contre qui les lettres seroient empétrées, en cognoissent, et ne souffrent à telles commissions estre obéy.*" (Ebd., S. 831).

54 *Bodin*, République (Fn. 51), III, 2, S. 387 f.: „*Encore y a il d'autres differences entre l'officier & le commissaire, d'autant que la puissance des officiers, outre ce qu'elle est ordinaire, est tousiours plus auctorisee & plus estendue que la commission: c'est pourquoy les edits & ordonnances laissent beaucoup de choses à la religion & discretion des Magistrats: ... mais les commissaires sont bien autrement obligés, & attachés aux termes de leurs commissions.*"

55 Art. 79 Ordonnance ou Établissements pour la réformation de la justice, Montils-les-Tours, April 1453 (zit. in: Jourdan/Décrusy/Isambert (Fn. 53), T. IX (1825), S. 235).

Ordonnance sur l'administration de la justice 1493[56] und die *Ordonnance de Blois* 1498[57] legen davon beredtes Zeugnis ab. Die *Ordonnance de Orléans* 1560[58], die *Ordonnance de Roussillon* 1563[59], die *Ordonnance de Moulins* 1566[60], die *Ordonnance de Blois* 1579[61] und das *Édit sur l'administration de la justice* (das sog. *Édit de Rouen*) 1597[62] setzen die Reihe im 16. Jahrhundert fort. Der *Code Michaud* 1629[63] und das *Edit du Roy servant de Reglement pour les Epices, Vacations des Commissaires & autres frais de Justice* 1685[64] bezeugen den ständischen Protest gegen Justizkommissionen im 17. Jahrhundert. Er findet sich auch in den von Montesquieu beeinflußten Beschwerden (*remontrances*) des *Parlement de Paris* im 18. Jahrhundert und in den ständischen *cahiers des doléances* 1788/89 gegen „*juges arbitraires*"[65], „*juges extraordinaires*"[66] und „*voies irrégulières*"[67]. Auch hinter

---

56 Artt. 76, 77 Ordonnance sur l'administration de la justice, Paris, Juli 1493 (zit. in: Jourdan/Décrusy/Isambert (Fn. 53), T. XI (1827), S. 240).

57 Art. 42 Ordonnance rendue en conséquence d'une assemblée de notables à Blois, sur la réformation de la justice et l'utilité générale du royaume, Blois, März 1498 (zit. in: Jourdan/Décrusy/Isambert (Fn. 53), T. XI (1827), S. 345).

58 Artt. 34, 35, 36 Ordonnance générale rendue sur les plaintes, doléances et remontrances des états assemblés à Orléans, Januar 1560 (zit. in: Jourdan/Décrusy/Isambert (Fn. 53), T. XIV (1829), S. 73 f.).

59 Art. 30 Ordonnance sur la justice et la police du royaume, additionelle à cette d'Orléans, appelé de Roussillon, Januar 1563 (zit. in: Jourdan/Décrusy/Isambert (Fn. 53), T. XIV (1829), S. 167).

60 Art. 68 Ordonnance sur la réforme de la justice, Ordonnance de Moulins, Februar 1566 (zit. in: Jourdan/Décrusy/Isambert (Fn. 53), T. XIV (1829), S. 207).

61 Art. 98 Ordonnance rendue sur les plaintes et doléances des états-généraux assemblés à Blois en novembre 1576, relativement à la police générale du royaume, dite de Blois, Mai 1579 (zit. in: Jourdan/Décrusy/Isambert (Fn. 53), T. XIV (1829), S. 405).

62 Artt. 12, 13, 15, 16, 17 Édit sur l'administration de la justice, Rouen janvier 1597 (zit. in: Jourdan/Décrusy/Isambert (Fn. 53), T. XVI (1829), S. 123 f.).

63 Art. 86 Ordonnance (Code Michaud) sur les plaintes des états assemblés à Paris en 1614, et de l'assemblée des notables réunis à Rouen et à Paris, en 1617 et 1626, Januar 1629 (zit. in: Jourdan/Décrusy/Isambert (Fn. 53), T. XVI (1829), S. 223 ff.).

64 Art. XVIII verbietet den Entzug des ordentlichen Richters durch Kommissare (zit. in: *Ph. Bornier*, Conference des ordonnances de Louis XIV Roy de France et de Navarre avec les anciennes ordonnances du Royaume, le droit ecrit et les Arrests, Enrichies d'annotations et de Decisions importantes, 1744, S. 513).

65 Grandes Remontrances sur les Refus de Sacrement vom 9.4.1753 (zit. in: J. Flammermont, Remontrances du Parlement de Paris au XVIIIe Siècle, T. I: 1715–1753, 1888, S. 569).

66 Grandes Remontrances (Fn. 65), hier S. 571.

67 Grandes Remontrances (Fn. 65), hier S. 574.

24

Montesquieus Hauptmotiv der Vermittlung der Herrschergewalt durch adelige Zwischengewalten (*pouvoirs intermédiaires*[68]; *rangs intermédiaires*[69]) ist der Gegensatz Justizamt – Kommission erkennbar. Im XI. Kapitel seiner *Considérations sur les causes de la grandeur des Romains et de leur décadence* erscheint der ordentliche Justizbeamte (*magistrature*) als Gegenbegriff zu den Kommissaren.[70] Die Mittelbarkeit der Herrschergewalt entspricht der Mäßigung der Staatsgewalt, wodurch politische Freiheit erst möglich wird.[71] Unvermittelter direkter Machtgebrauch durch den Herrscher selbst oder durch Kommissare beeinträchtigt dagegen die Freiheit: „*Dans les États despotiques, le prince peut juger lui-même. Il ne le peut dans les monarchies: la constitution seroit détruite, les pouvoirs intermédiaires dépendants, anéantis*".[72] Die ständischen *cahiers des doléances* 1788/89 folgen ebenfalls dem auf die Gegenbegriffe Amt – Auftrag gerichteten Gedankengang. So fordern die *Demandes et Doléances du Clergé d'Anjou* statt Kommissaren gesetzlich zuständige Richter: „*Qu'on ne puisse être jugé par des commissaires, mais par des juges reconnus de la nation et d'après les lois.*"[73] Die *Instructions et Pouvoirs donnés par Messieurs les Gentilshommes des cinq Sénéchaussées d'Angers à leurs Députés aux États libres et Généraux du Royaume convoqués à Versailles au 27 Avril 1789* verbinden die Forderung nach dem natürlichen Richter mit derjenigen nach Abschaffung der Kommissionen und Evokationen.[74] Ebenso formuliert das *Cahier des Doléances de l'ordre du clergé de la province d'Angoumois*

---

68 *Ch.-L. de Secondat, Baron de la Brède et de Montesquieu*, De l'Esprit des Lois, II, 4, Oeuvres complètes, Roger Caillois (ed.), Pléiade-Edition, T. II, 1994, S. 247.

69 De l'Esprit des Lois, II, 4 (S. 249).

70 Der Ausdruck *juge ordinaire* wird von Montesquieu nicht gebraucht.

71 Politische Freiheit ist für Montesquieu die Mäßigung bei der Ausübung der souveränen Gewalt, unabhängig von der Regierungsform: „*La liberté politique ne se trouve que dans les gouvernements modérés*" (XI, 4 (S. 395)). Zum ständischen Freiheitsbegriff Montesquieus vgl. *E.-W. Böckenförde*, Gesetz und gesetzgebende Gewalt, Von den Anfängen der deutschen Staatsrechtslehre bis zur Höhe des staatsrechtlichen Positivismus (1958), S. 30; *U. Seif*, Der mißverstandene Montesquieu: Gewaltenbalance, nicht Gewaltentrennung, ZNR 22 (2000), S. 152 f.

72 De l'Esprit des Lois, VI, 5 (S. 314). Die unvermittelte Ausübung der Justizhoheit durch den Herrscher selbst oder durch politisch Abhängige ist Despotie.

73 Zit. in: *J. Mavidal/E. Laurent*, Archives Parlementaires de 1787 à 1860, Recueil Complet des Débats Législatifs & Politiques des Chambres Françaises, T. II: États Généraux – Suite des Cahiers des Sénéchaussées et Bailliages, 1868 ND 1969, S. 31.

74 „*D'après la constitution, aucun citoyen ne pouvant être enlevé à ses juges naturels, l'usage des commissions extraordinaires et des évocations, sera entièrement aboli.*" (wie Fn. 73, hier S. 34).

die Forderung, keinen Bürger seinen natürlichen Richtern zu entziehen, aus dem Gegensatz zu Justizkommissionen heraus.[75]

Mit der Begrifflichkeit des natürlichen Richters (*juge naturel*)[76] oder der natürlichen Zuständigkeitsordnung (*ordre naturel des juridictions*)[77] in den *remontrances* und *cahiers des doléances* wird die ständische Idee einer übergesetzlichen Gerechtigkeit zitiert, im Sinne einer objektiven Verpflichtung des Monarchen auf die Staatsgrundgesetze (*lois fondamentales*).[78] Individualschutz ist noch nicht das Thema, ebensowenig wie 1790 oder noch 1814.

Prägend für die französische Entwicklung der Rechtsbindung der Gerichtsorganisation ist die Kontinuität konstitutioneller Formulierungen nach 1789 mit vorrevolutionären ständischen Positionen, die sich in der Wiederholung des begrifflichen Gegensatzes und in der Terminologie des *juge naturel* in der *Loi sur l'organisation judiciaire* vom 16.–24.8.1790 und der *Charte constitutionnelle* vom 4.6.1814 niederschlägt.[79] So ist im erstgenannten Gesetz von 1790[80] der *juge naturel* bloßer Gegenbegriff

---

75 „*Qu'aucun citoyen, ..., ne puisse être destinué que par ses juges naturels.*" (wie Fn. 73, hier S. 3).

76 Parlement de Paris, Urteil vom 19.3.1766, zit. in: *J. Flammermont/M. Tourneux*, Remontrances du Parlement de Paris au XVIIIe Siècle, T. II: 1755–1768, Paris 1895, hier S. 562 f.; Remontrances sur le Grand Conseil vom 19.–20.3.1768 (ebda., S. 865); Cahier des Doléances de l'ordre du clergé de la province d'Angoumois, zit. in: *Mavidal/Laurent* (Fn. 73), S. 3.

77 Remontrances sur un arrêt du conseil cassant un arrêt de la Grand'Chambre vom 25.7.1731, zit. in: *Flammermont* (Fn. 65), S. 244; Remontrances sur l'arrêt du Conseil du 30 Juillet évoquant l'appel comme d'abus interjeté contre une ordonnance de l'Archevêque de Paris vom 3.9.1731 (ebda., S. 274).

78 Grandes Remontrances sur les Refus de Sacrement vom 9.4.1753, zit. in: *Flammermont* (Fn. 65), S. 568. Vgl. auch Remontrances sur le Grand Conseil vom 19.–20.3.1768, zit. in: *Flammermont/Tourneux* (Fn. 76), S. 896; Arrêté du parlement, les pairs y séant, concernant les édits projetés, du 3 mai 1788, zit. in: Jourdan/Décrusy/Isambert (Fn. 53), T. XXVIII (1827), S. 533.

79 Weder die Konsularverfassung vom 13.12.1799 (zit. in: *Hélie* (Fn. 17), 3. fasc, 1878, S. 582 ff.) noch die Senatskonsulte Napoleons vom 4.8.1802 und 18.3.1804 (zit. in: L. Tripier (ed.), Constitutions qui ont régi la France depuis 1789 jusqu'à l'élection de M. Grévy comme Président de la République, conférées entre elles et annotées par Louis Tripier, 2° ed., 1879, S. 189 ff. bzw. S. 203 ff.) haben relevante Garantien formuliert.

80 Titre II, Art. 17 Loi sur l'organisation judiciaire des 16–24 août 1790: „*L'ordre constitutionnel des juridictions ne pourra être troublé et les justiciables ne pourront être distraits de leurs juges naturels: par aucune commission, ni par d'autres attributions ou évocations que celles qui seront déterminées par la loi.*" (zit. in: *Hélie* (Fn. 17), 1. fasc, S. 147).

zu Justizkommissionen, und die Garantie des *juge naturel* in Art. 62 der *Charte constitutionnelle* vom 4.6.1814[81] steht im Zusammenhang mit dem Verbot der Kommissionen und Ausnahmegerichte in Art. 63 S. 1.[82] Die konstitutionelle Beschränkung der monarchischen Souveränität[83] in Artt. 62, 63 hindert die königliche Prärogative, Gerichte ad hoc nach Belieben zu errichten.

Erst die Verfassungsbestimmungen in Art. 53 *Charte constitutionnelle* vom 7.8.1830[84] und in Chap II, Art. 4 *Constitution de la République Française* vom 4.11.1848[85] formulieren die Forderungen nach dem gesetzlichen Richter als Garantie des *gleichen* Richters im Sinne einer bürgerlichen Gleichheit,[86] wie es Inhalt des heutigen ungeschriebenen Verfassungsgrundsatzes ist.

---

81 „*Nul ne pourra être distrait de ses juges naturels.*" (zit. in: *Hélie* (Fn. 17), 3. fasc, S. 889).

82 „*Il ne pourra en conséquence être créé de commissions et tribunaux extraordinaires.*" (zit. in: *Hélie* (Fn. 17), 3. fasc, S. 889).

83 Art. 57 der Charte constitutionnelle 1814 folgt dem monarchischen Prinzip: „*Toute justice émane du Roi; elle s'administre en son nom par des juges qu'il nomme et qu'il institute.*" (zit. in: *Hélie* (Fn. 17), 3. fasc, S. 889). Quelle der Justizgewalt ist daher nicht ein in der Nationalversammlung repräsentierter Wille eines souveränen Volkes.

84 „*Nul ne pourra être distrait de ses juges naturels.*" (zit. in: *Hélie* (Fn. 17), 4. fasc, 1879, S. 990).

85 „*Nul ne sera distrait de ses juges naturels. – Il ne pourra être créé de commissions ni de tribunaux extraordinaires, à quelque titre et sous quelque dénomination que ce soit.*" (zit. in: *Hélie* (Fn. 17), 4. fasc, 1879, S. 1104).

86 In der nicht in Kraft getretenen Konventsverfassung vom 24.6.1793 fehlt eine Garantie des gleichen Richters (zit. in: *Hélie* (Fn. 17), 1. fasc, S. 376 ff.). Die Constitution vom 14.1.1852 enthält keine Formulierung der Garantie des gesetzlichen Richters (zit. in: *Hélie* (Fn. 17), 4. fasc, S. 1167, 1168). Weder der *Senatus-consulte fixant la constitution de l'empire* vom 21.5.1870 noch die Verfassung vom 21.5.1870 enthalten eine Garantie des gesetzlichen Richters. Die Staatsgrundgesetze der III. Republik vom 24./25.2.1875 (Loi constitutionnelle du 24 février 1875, sur l'organisation du Sénat (Collection du Bulletin des Lois, 12° série, X, n° 3952, S. 164); Loi constitutionnelle du 25 février 1875, relative à l'organisation des pouvoirs publics (Collection du Bulletin des Lois, 12° série, X, n° 3953, S. 165)) enthalten keine Garantie, ebensowenig die Verfassung vom 13.10.1946 der IV. Republik (1946–1958).

4. Entwicklung der Rechtsbindung der deutschen Justizhoheit

Im deutschen Rechtskreis beginnt die Entwicklung der Rechtsbindung der Gerichtsorganisation mit der landesherrlichen Emanzipation vom Reichsverband nach dem Westfälischen Frieden. Die Ausschaltung der letztinstanzlichen Zuständigkeit des Reichskammergerichts durch die landesherrlichen Appellationsprivilegien motiviert die ersten Aussagen zum Recht auf einen nach Gesetz zuständigen Richter in der kammergerichtlichen Literatur.[87] Auch wenn die Appellation an die Reichsgerichte in Zivilsachen seit 1654 für jeden größeren Reichsstand durch die *privilegia de non appellando et evocando* beschränkt war,[88] waren letztere beispielsweise durch die Höhe des Streitwertes begrenzt und nicht so umfassend wie die seit 1356 verliehenen kurfürstlichen Privilegien.[89] Selbst die kurfürstlichen Privilegien konnten nicht die reichsgerichtliche Appellation bei Rechtsverweigerung hindern[90] und waren zudem territorial auf das Kurland begrenzt.[91] Der „stracke Lauff der Justiz" war reichsgesetzlich garantiert.[92]

---

87 So kritisiert Matthäus Joseph Schick die Umgehung des Reichskammergerichts, das „allein der competente Richter seyn soll", indem es die Stände wagten, „das kaiserliche Reservatrecht der letzten Instanz, so wie die höchste Reichsgerichtsbarkeit, dadurch zu untergraben, daß sie ihre Unterthanen mit einem Eid verbanden, von ihren Urtheilen an das R. Kammergericht nicht zu appelliren, und zu derselben Renunciation nöthigen." (*M. J. Schick*, Über das Reichsständische InstanzenRecht, deren unerlaubte Vervielfältigung, und insbesondere von der sogenannten Cabinets-Instanz, 2. Aufl., Darmstadt 1802, S. 87).

88 *U. Eisenhardt*, Die kaiserlichen privilegia de non appellando, Köln/Weimar/Wien 1980 (Quellen und Forschungen zur höchsten Gerichtsbarkeit im Alten Reich, 7), S. 67 ff.

89 Grundlegend *Eisenhardt* (Fn. 88), S. 20 ff.; *J. Weitzel*, Der Kampf um die Appellation ans Reichskammergericht. Zur politischen Geschichte der Rechtsmittel in Deutschland, Köln/Wien 1976 (Quellen und Forschung zur höchsten Gerichtsbarkeit im alten Reich, hrsg. von Diestelkamp/Eisenhardt/Gudian/Laufs/Sellert, Bd. 4), S. 128 f.

90 *Weitzel*, Funktion und Gestalt der Gerichtsprivilegien, in: Privilegien im europäischen Vergleich, hrsg. von B. Dölemeyer/H. Mohnhaupt, Bd. 1, Frankfurt a. M. 1997, S. 191, 195 (Studien zur europäischen Rechtsgeschichte, Ius commune Sonderhefte 93).

91 Erst 1745 konnte Brandenburg-Preußen die Ausdehnung seines Privilegs auf das ganze Staatsgebiet erzwingen.

92 Vgl. die von *J. J. Moser* (Abhandlung von Kayserlichen Macht-Sprüchen In Rechts- Staats- und Gemischten Sachen, Franckfurt am Mayn 1750, § 8, S. 11 ff.) zitierte seit 1711 ständige, unveränderliche kaiserliche Wahlkapitulation Art. 16 § 7, Art. 18 § 3–5. Vgl. auch *J. U. Frh. von Cramer*, Wetzlarische Nebenstunden, 64. Theil, § 36, S. 68; *D. G. Struben*, Nebenstunden, Dritter Theil, Hannover 1761, 13. Abhandlung: Von Regierungs-und Justizsachen, S. 76.

Gegen landesherrliche Kabinettsurteile konnten das Reichskammergericht und der Reichshofrat angerufen werden.[93] Vom Reichsfiskal konnten jene mit einer „gebührenden Strafe"[94] belegt werden. So hat der Reichshofrat 1763 ein Kabinettsurteil des Kurfürsten von der Pfalz für unwirksam erklärt und von ihm verlangt, „jene Urteile zu publiciren, welche von den Justizcollegiis durch die Mehrheit der Stimmen abgeschlossen worden seien."[95] Ebenso hat das Reichskammergericht am 16.6.1787 einen Kabinettsbefehl des Fürstbischofs zu Speyer aufgehoben und den Fürsten bei Vermeidung einer Strafe von zehn Mark löthingen Goldes angewiesen, er solle „künftig, die Jura partium betreffenden Sachen nicht aus seinem Cabinet entscheiden, sondern solche zu ordentlichen Gerichten verweisen."[96]

Kabinettsjustiz ist der Kampfruf des 19. Jahrhunderts und brandmarkt den politisch motivierten Eingriff der landesherrlichen Exekutive in die Justiz. Die aufgeklärt-absolutistische Justiztheorie des 18. Jahrhunderts hat den Gegensatz zwischen gesetzgemäßer Richterentscheidung und politischem Machtkalkül erst nur sehr zögerlich entwickelt, und dieses Zögern ist wohl Ausdruck der inneren Widersprüchlichkeit des aufgeklärten Absolutismus: des Nebeneinanders rationaler, abstrakter Gesetzlichkeit einerseits und der Person des aboluten Herrschers andererseits. Der Ausbau der Territorialstaaten und die systematischen Deduktionen des an den deutschen Universitäten gelehrten Vernunftsrechts bereiten den Boden für die Aufnahme von Montesquieus Herrschaft der Gesetze.[97] Der Gesetzesstaat steht im Mittelpunkt der aufgeklärten Diskussion. Seit der Mitte des 18. Jahrhunderts werden daher in den vielen deutschen Territorialstaaten Gesetzgebungsvorhaben in Angriff genommen, deren Ziel die systematisch

---

93 Beispiele bei *B. W. Pfeiffer*, Practische Ausführungen aus allen Theilen der Rechtswissenschaft, Mit Erkenntnissen des Oberappellationsgerichts zu Cassel, Dritter Band, Hannover 1831, S. 240 ff.; *Schick* (Fn. 87), S. 106 ff. Vgl. auch die Reichskammergerichtsentscheidungen bei *B. Diestelkamp*, Reichskammergericht und Rechtsstaatsgedanke, Die Kameraljudikatur gegen die Kabinettsjustiz, Karlsruhe 1994, S. 4 ff., 27 Fn. 34; *ders.*, Reichskammergericht und deutsche Rechtsstaatskonzeption, Die Kameraljudikatur gegen die Kabinettsjustiz, Karlsruhe 1994, S. 141.

94 § 109 Jüngster Reichsabschied 17.5.1654 (zit. nach K. Zeumer (Hrsg.), Quellensammlung zur Geschichte der Deutschen Reichsverfassung in Mittelalter und Neuzeit, 2. Aufl., Tübingen 1913, Nr. 200, S. 451). Dazu auch *P. Knauer*, Art. Gesetzlicher Richter, HRG I, Berlin 1971, Sp. 1622.

95 *Pfeiffer* (Fn. 93), S. 242 f.

96 *Pfeiffer* (Fn. 93), S. 241.

97 Nicht jedoch der Gewalten(ver)teilung: *Seif*, Justizhoheit (Fn. 5), S. 226 ff.; *dies.* (Fn. 71), 149 ff.

angelegte Regelung zusammengehöriger Rechtsmaterien in umfassenden Kodifikationen ist.[98]

Auf der anderen Seite ist die absolutistische Machtfülle des Monarchen unantastbar. Die Justizgewalt gehört im Staatsrecht (*ius publicum universale*) des aufgeklärten Absolutismus zu den besonderen Hoheitsrechten des Regenten,[99] zu den „mit der obersten Gewalt unzertrennlich verbundene[n] Rechte[n]".[100] Dies zeigt gerade auch die frühe Machtspruch-Terminologie. Die Bezeichnung der Entscheidung eines Rechtsfalls oder Vorgaben für das entscheidende Gericht durch den Monarchen als Machtspruch (*sentenia ex plenitudine potestatis*) ist gerade in der Charakterisierung der landesherrlichen Stellung mit der *plenitudo potestatis* begründet, aus der sich das besondere Gewicht der landesherrlichen Streitentscheidung herleitet.[101] Denn kraft seiner Gesetzgebungsgewalt konnte der Landesherr eine gerechte Entscheidung auch dadurch treffen, daß er ein neues Gesetz schuf. Das Selbstverständnis des aufgeklärten Monarchen als „erster Diener seines Staates" schließt die automatische Wertung des Machtspruchs als willkürliche Einzelfallentscheidung aus. In der Regel war sich der Landesfürst bei der persönlichen Ausübung seines Richteramtes seiner Verantwortung als oberster Richter für die Wahrung und Ausübung einer guten Justiz wohl bewußt.[102] Der Unterschied zum Rechtsspruch (Gerichtsspruch) als die im Gericht institutionalisierte Entscheidung von Rechtsgelehrten im Rahmen eines justizförmigen Verfahrens wird zunächst nur formal institutionell verstanden.[103] Diese inhaltliche Neutralität der anfänglichen Machtspruch-Terminologie, frei von der Idee des Willküraktes, wird dadurch bestätigt, daß

---

98 Dazu auch *E. Bussi*, Zur Geschichte der Machtsprüche, Festschrift für Ernst Hellbling, hrsg. von Hans Lentze/Peter Putzer, Salzburg 1971, S. 56.

99 *G. Achenwall*, Die Staatsklugheit nach ihren ersten Grundsätzen, 3. Aufl., Göttingen 1774, S. 26; *H. G. Scheidemantel*, Das allgemeine Staatsrecht überhaupt und nach der Regierungsreform, Jena 1775, ND Königsstein/Ts. 1979, S. 95 ff., 145 ff.

100 *E. F. Klein*, Grundsätze der natürlichen Rechtswissenschaft nebst einer Geschichte derselben, Halle 1797, S. 255; Vgl. auch *F. G. von Hertlein*, Juridisch-Politischer Versuch über die Wesentlichen Rechte der Majestät, nach den Grundsätzen des allgemeinen Staatsrechts, Würzburg 1787, S. 12.

101 *E. Schmidt*, Rechtssprüche und Machtsprüche der preußischen Könige des 18. Jahrhunderts, Leipzig 1942 (Berichte über die Verhandlungen der Sächsischen Akademie der Wissenschaften zu Leipzig, phil.-hist. Klasse, 95. Band, Heft 3) S. 6.

102 Beispiele zu den Preußenkönigen bei *Schmidt*, Rechtssprüche und Machtsprüche (Fn. 101), S. 7 f.

103 *W. Ogris*, Art. Machtspruch, HRG III, Berlin 1984, Sp. 126; *ders.*, Art. Kabinettsjustiz, HRG II, Berlin 1978, Sp. 515. Gegen einen inhaltlichen Gegensatz auch *Schmidt*, Rechtssprüche und Machtsprüche (Fn. 101), S. 3 f.

30

der Begriff Machtspruch erstmals 1719 von Heinrich von Cocceji in seiner Schrift *Prodromus Justitiae gentium* verwendet wird,[104] also weit vor der 1750 einsetzenden Machtspruchkritik (Moser[105]; Struben[106]; de Jariges[107]; von Cramer[108]). Der Coccejische Begriff weist nur auf eine Funktion der obersten Rechtsmacht hin[109] und steht im Zusammenhang mit der schon seit Anfang des 18. Jahrhunderts debattierten Frage, „ob und was vor eine Plenitudo Potestatis oder vollkommene Gewalt bey einem Fürst sich befinde."[110]

Dies zeigt die ganze innere Widersprüchlichkeit des aufgeklärten Absolutismus: Ist der König Teil der Rechtsordnung, der vernunftbestimmte Normzweck des Gesetzesstaates vor dem Herrscherwillen vorrangig, so daß er nicht in die Rechtsprechung eingreifen durfte? Was galt aber, wenn die Richter nach Auffassung des Monarchen den vernunftbestimmten Normzweck (gleiches Recht für alle) verletzen? Die Justizkatastrophe des Müllers Arnold konnte ihren Lauf nehmen.[111] Friedrich wollte durch

---

104 Frankfurt 1719, S. 23. Heinrich von Cocceji war der bedeutendste Vermittler von Grotius (*H.-P. Schneider*, Die wissenschaftlichen Beziehungen zwischen Leibniz und den beiden Cocceji, in: H. Thieme (Hrsg.), Arbeitstagung Humanismus und Naturrecht in Berlin – Brandenburg – Preußen, Berlin/New York 1979, S. 90 ff.; *M. Stolleis*, Geschichte des öffentlichen Rechts in Deutschland, Bd. I: Reichspublizistik und Policeywissenschaft 1600–1800, München 1988, S. 247).

105 *Moser*, Macht-Sprüche (Fn. 92), § 5, S. 8 f. Moser behandelt die kaiserlichen Machtsprüche und ist daher für die Darstellung des aufgeklärt-absolutistischen Territorialstaates nur indirekt aussagekräftig.

106 *Struben*, Nebenstunden, Dritter Theil, 13. Abhandlung: Von Regierungs- und Justizsachen (Fn. 92), S. 43, 51, 68.

107 *Ph. J. Pandin de Jariges*, Réflexions philosophiques et historiques, d'un jurisconsulte, adressées à son ami à Turin sur l'ordre de la procedure, et sur les décisions arbitraires et immédiates du Souverain, Berlin 1765, S. 21.

108 *J. U. Frh. von Cramer*, Systema Processus Imperii seu Superiorum Augustissimorum Tribunalium, Sectio I tit. I (De origine ac constitutione generali supremorum imperii tribunalium), Ulm/Frankfurt/Leipzig 1768, § 10, S. 4.

109 Ähnlich auch *Bussi* (Fn. 98), S. 52.

110 *A. W. Ertel*, Neu-Eröffnete Schau-Bühne von dem Fürsten-Recht, Nürnberg 1712, S. 32 f.

111 *A. L. Schlözer*, August Ludwig Schlözer's Briefwechsel meist historischen und politischen Inhalts, Sechster Theil, Heft XXXII, Zwote Auflage, Göttingen 1780, Nr. 17 (Müller Arnold, Aus der königl. privilegirten Berlinischen Stats und gelerten Zeitung, St. 149, Dienstag 14 Decemb. 1779), S. 128 ff. Vgl. auch *M. Dießelhorst*, Die Prozesse des Müllers Arnold und das Eingreifen Friedrichs des Großen, Göttingen 1984, S. 23 m.w.N. Der Wassermüller Christian Arnold hatte eine Mühle bei Pommerzig/Neumark vom Grafen Schmettau in Erbpacht genommen. Nachdem er mit der Zahlung des Pachtzinses in Verzug geraten war, machte er als Grund für die ausstehende Zahlung geltend, daß die Nutzbarkeit der Mühle durch von dem benachbarten Landrat von Gersdorff angelegte Karpfenteiche

seinen Machtspruch einen vermeintlichen Rechtsbruch zu Lasten eines Untertanen korrigieren. Nachdem er die Urteile der Neumärkischen Regierung und des Kammergerichts kassiert und auf Zahlung einer Entschädigung zugunsten des Müllers entschieden hatte, schickte er die an den Urteilen beteiligten Gerichtsräte auf die Festung Spandau, da er – zu Unrecht – einen schweren Fall von Rechtsbeugung vermutete. Obwohl die betroffenen Richter schon nach kurzer Zeit vom König begnadigt wurden, wurde Friedrichs Eingriff in die Rechtspflege allgemein als große Ungerechtigkeit empfunden.

Die Widersprüchlichkeit zwischen dem aufgeklärten Gesetzesstaat und dem monarchischen Machtanspruch beherrscht auch das ALR. Der Fall des Müllers Arnold, der in ganz Europa diskutiert wurde, war ein populärer Anlaß, eine Gesetzeskodifikation in Angriff zu nehmen, mit der die Vielfalt altständischer, regionaler und örtlicher Gesetze und Rechtsgepflogenheiten vereinheitlicht und die Grundlagen des monarchischen Gesetzesstaates bestimmt werden sollten: das Allgemeine Landrecht für die Preußischen Staaten von 1794. Die auf ständischen Druck aufgenommene Selbstverpflichtung des aufgeklärt absolutistischen Herrschers, den Untertanen „die durch die Gesetze angewiesenen Gerichte" (§ 79 Einleitung ALR) nicht zu entziehen, wird zur Durchsetzung der Staatsräson gewährt.[112] Unter dem Eindruck des Revolutionsterrors wird das vorgesehene Verbot königlicher Machtsprüche ebenso gestrichen wie die Hinweise auf die „natürlichen Rechte und Freiheiten der Bürger". Eine Einschränkung der monarchischen Hoheitsrechte durch Gewaltenteilung lag den Redaktoren fern, wie die Kritik der Gewaltenteilung in den Kronprinzenvorträgen des Carl Gottlieb Svarez belegt.[113] Die uneingeschränkte Machtvollkommenheit ersetzt bei *necessitate reipublicae* den vernunftbestimmten Normzweck.[114]

---

beeinträchtigt werde. Weder vor dem Patrimonialgericht, bei dem Graf Schmettau Gerichtsherr war, noch vor der Neumärkischen Regierung zu Küstrin bzw. vor dem Königlichen Kammergericht zu Berlin hatte Arnold mit seiner auf Erlaß der Pacht gerichteten Klage Erfolg. 1778 wurde ihm schließlich die Mühle im Wege der Zwangsversteigerung genommen (vgl. auch die übersichtliche Darstellung bei *W. Frotscher/B. Pieroth*, Verfassungsgeschichte, 5. Aufl., München 2005, Rn. 131 ff.).

112 Vgl. *A. Schwennicke*, Die Entstehung der Einleitung des Preußischen Allgemeinen Landrechts von 1794, Frankfurt a.M. 1993, S. 353.

113 *C. G. Svarez*, Über den Einfluß der Gesetzgebung in der Aufklärung (1789), in: H. Conrad/G. Kleinheyer (Hrsg.), Vorträge über Recht und Staat, 1960, S. 469, 474. Vergleichbar ist Ernst Ferdinand Kleins Vertrauen in den monarchischen Absolutismus (*E. F. Klein*, Freyheit und Eigentum, abgehandelt in 8 Gesprächen über die Beschlüsse der französischen Nationalversammlung, 1790, S. 164).

114 Zur Argumentationsfigur der *necessitas* als Anspruch auf die Souveränität im Sinne der Letztentscheidungsgewalt siehe auch *U. Müßig*, Die englischen

Auch die frühkonstitutionellen Formulierungen, wie z.B. in Tit. V, § 4 der Constitution für das Königreich Bayern vom 1.5.1808 oder § 2 Nassau-Patent vom 2.9.1814,[115] sind nur Gewährleistungen kraft monarchischer Machtvollkommenheit. Sie normieren die Selbstbindung des Monarchen, den Rechtsuchenden nicht willkürlich die Zuständigkeiten in der aufzubauenden einheitlichen staatlichen Gerichtsorganisation zu entziehen, ohne freilich die Willkürgrenze für hoheitliche Eingriffe zu bestimmen. Damit erweisen sie sich gegen die Justizwillkür des Metternichschen Systems als wirkungslos.

Erst unter dem Eindruck dieser polizeistaatlichen Repressalien fordert der von der Kantschen Philosophie beeinflußte deutsche Liberalismus einen auf der Gewaltenteilungskonzeption des 19. Jahrhunderts beruhenden Gesetzesvorbehalt für die richterliche Zuständigkeit. Zur Sicherung von Freiheit und Eigentum[116] entwickelt der Kantianer Feuerbach in seiner 1830 anonym in Nürnberg veröffentlichten Schrift „Kann die Gerichtsverfassung eines constitutionellen Staates durch bloße Verordnungen rechtsgültig geändert werden?" den gerichtsverfassungsrechtlichen Gesetzesvorbehalt, gefolgt von Johann Ludwig Klüber[117], Heinrich Albert Zachariä[118], Burkhard Wilhelm Pfeiffer[119], und Carl Joseph Anton Mittermair.[120]

Verfassungskämpfe des 17. Jahrhunderts, in: dies. (Hrsg.), Konstitutionalismus und Verfassungskonflikt, Tübingen 2006, S. 37 ff.

115 Tit V, § 4 Constitution für das Königreich Bayern 1.5.1808: „Der König kann ... vielweniger eine Partei ihrem gesetzlichen Richter entziehen." (zit. in: K. H. L. Pölitz, Die Constitutionen der europäischen Staaten seit den letzten 25 Jahren, Zweiter Theil, Leipzig/Altenburg (Brockhaus) 1817, S. 140 f); § 2 Nassau-Patent vom 2.9.1814: „..., auch daß keiner Unserer Unterthanen jemals seinem gewöhnlichen Gerichtsstande, und durch die Gesetze vorher bestimmten ordentlichen Richter, durch außerordentliche Maasregeln, entzogen werde." (ebda., S. 300).

116 P. J. A. von Feuerbach, Kann die Gerichtsverfassung eines constitutionellen Staates durch bloße Verordnungen rechtsgültig geändert werden, in: Anselms von Feuerbach Kleine Schriften vermischten Inhalts, Nürnberg 1833, S. 178, S. 203 ff.: „Schlechte Gerichtsverfassung und schlechte Justiz, schlechte Justiz und Gefährdung oder Verkümmerung allen Rechts, der Freiheit aller Personen wie ihres Eigenthums, stehen ... in unzertrennlicher Wechselbeziehung."

117 J. L. Klüber, Öffentliches Recht des Teutschen Bundes und der Bundesstaaten, 2. Abtheilung enthaltend das Staatsrecht Teutscher Bundesstaaten, 2. Aufl., Frankfurt a.M. 1822, § 194, S. 411; 3. Aufl., Frankfurt a.M. 1831, § 259, S. 339; 4. Aufl., Frankfurt a.M. 1840, S. 367 f.

118 H. A. Zachariä, Deutsches Staats- und Bundesrecht, Erster Theil: Allgemeine Lehren und Verfassungsrecht der Bundesstaaten, Göttingen 1841, § 148, S. 201 ff.

119 Pfeiffer (Fn. 93), S. 274 f.

120 C. J. A. Mittermaier, Organisation der Gerichte, in: C. von Rotteck/C. Welcker (Hrsg.), Das Staatslexikon, Encyclopädie der sämmtlichen Staatswissenschaften für

Diese im liberalen Schrifttum ausgearbeitete Konzeption der Garantie des gesetzlichen Richters als subjektives Abwehrrecht wird von der Verfassungsbewegung in einzelnen Staaten des Deutschen Bundes nach der französischen Julirevolution 1830 noch nicht rezipiert. Erst im parteiübergreifenden Konsens der Paulskirchenversammlung setzt sich die rechtsstaatliche Konzeption als gerichtsverfassungsrechtlicher Gesetzesvorbehalt durch.[121] Als Art. X § 175[122] geht die Garantie des gesetzlichen Richters in die Reichsverfassung vom 28.3.1849 ein und prägt die späteren Verfassungsbestimmungen in Art. 105 der Reichsverfassung vom 11.8. 1919 und in Art. 101 Abs. 1 S. 2 des Bonner GG vom 23.5.1949.

III. Zusammenfassung der Vergleichsergebnisse im gerichtsexternen Bereich

1. Funktionsähnlichkeit zwischen kontinentaleuropäischen Garantien und englischer Regelungslücke

In allen Vergleichsordnungen etabliert sich die Rechtsbindung der Justizgewalt. Sie ist die übereinstimmende argumentative Grundlage für die Herausbildung des begrifflichen Gegensatzes zwischen ordentlichem Gericht und Ausnahmegericht. Auf ihr beruht der gemeinsame europäische Konsens gegen Ausnahmegerichte, gegen Eingriffe in die Justiz von außen durch ad hoc-Einsetzungen bestimmter Richter. Die Errichtung eines Gerichts bedarf in allen Vergleichsordnungen eines Gesetzes. Auch ohne eine positive Verfassungsgarantie des gesetzlichen Richters im *common law* und in den *acts of Parliament* stimmt die englische mit den kontinentaleuropäischen Vergleichsordnungen in der Ablehnung jeder gerichtsexternen Einflußnahme auf das Prozeßergebnis überein. Aus der Perspektive des Vergleichs anhand der Schutzrichtungen erscheint die

---

alle Stände. In Verbindung mit vielen der angesehensten Publicisten Deutschlands, Band 10, 2. Aufl., Altona 1848, S. 166.

121 Vgl. F. Wigard (Hrsg.), Stenographischer Bericht Nationalversammlung, Erster Band, 33. Sitzung (am 3.7.1848), S. 729, 731; Zweiter Band, 54. Sitzung (am 3.8.1848), S. 1352, 1364.

122 „Die richterliche Gewalt wird selbständig von den Gerichten geübt. Cabinets- und Ministerialjustiz ist unstatthaft. Niemand darf seinem gesetzlichen Richter entzogen werden. Ausnahmegerichte sollen nie stattfinden." (zit. in: E. R. Huber (Hrsg.), Dokumente zur Deutschen Verfassungsgeschichte, Band 1: Deutsche Verfassungsdokumente 1803–1850, 3. Aufl., 1978, S. 394).

34

Regelbindung des *common law* mangels Spruchkörpergliederung englischer Rechtsprechungsorgane funktionsäquivalent mit dem kontinentaleuropäischen Gesetzesvorbehalt für die Zuständigkeit einzelner Spruchkörper. Die Schutzrichtung der *rule of law* und des Prinzips der *sovereignty of Parliament* stimmt mit der Schutzrichtung der kontinentaleuropäischen Formulierungen darin überein, daß sie die monarchische Prärogative an der eigenmächtigen Schaffung außerordentlicher Gerichte (*prerogative courts*) hindert und für die Errichtung eines neuen Gerichts ein Parlamentsgesetz (*statute*) erfordert.

2. Übereinstimmung des Vergleichsergebnisses mit der EMRK-Garantie

Dieses Ergebnis wird auch durch Art. 6 Abs. 1 S. 1 Konvention zum Schutze der Menschenrechte und Grundfreiheiten (EMRK) vom 4.11.1950[123] in der seit 1.11.1998 gültigen Fassung des 11. Zusatzprotokolls[124] bestätigt. Art. 6 Abs. 1 S. 1 EMRK garantiert das Recht auf gerichtliches Gehör vor einem unabhängigen, unparteiischen, auf Gesetz beruhenden Gericht:[125] „Jedermann hat Anspruch darauf, daß seine Sache in billiger Weise

---

123 Die EMRK ist gem. Art. 66 Abs. 2 EMRK a.F. (= Art. 59 EMRK) laut Bekanntmachung vom 15.12.1953 (BGBl. 1954 II 14) in Kraft seit 3.9.1953. Authentisch sind der englische Text (Council of Europe, European Treaties, ETS No. 5) und der französische Text (Conseil de l'Europe, Traités Européens, STE No. 5). Amtliche deutsche Übersetzung in: BGBl. 1952 II 685.

124 Protokoll Nr. 11 zur Konvention zum Schutze der Menschenrechte und Grundfreiheiten, durch das die darin vorgesehenen Kontrollmechanismen umgestaltet werden, vom 11.5.1994, Europarat, SEV Nr. 155. Authentisch sind der englische Text (Council of Europe, European Treaties, ETS No. 155) und der französische Text (Conseil de l'Europe, Traités Européens, STE No. 155). Die EMRK wird in der Textfassung nach Inkrafttreten des 11. Zusatzprotokolls zitiert, sofern nicht ein Zitat des Konventionstextes ausnahmsweise durch den Zusatz a.F. markiert ist. Die den Artt. 1–18 EMRK a.F. durch das 11. Zusatzprotokoll hinzugefügten Überschriften werden im laufenden Text nicht berücksichtigt.

125 *J. Abr. Frowein/W. Peukert*, Europäische Menschenrechtskonvention, EMRK-Kommentar, 2. Aufl., Kehl/Straßburg/Arlington 1996, Art. 6, Rn. 88; *H. Golsong/W. Karl/H. Mieshler/H. Petzold/K. Rogge/Th. Vogler/L. Wildhaber*, IntKommEMRK, Köln/Berlin/Bonn/München 1995, Art. 6, Rn. 293 f.; *F. Matscher*, Die Verfahrensgarantien der EMRK in Zivilsachen, Österreichische Zeitung für öffentliches Recht und Völkerrecht 31 (1980), 1, 18; *E. Träger*, Der gesetzliche Richter. Aktuelle Fragen aus Verfassung und internationalem Recht, in: Festschrift für W. Zeidler, Berlin/New York 1987, 124, 137 ff. Zum unparteiischen Richter *G. Vollkommer*, Der ablehnbare Richter, Die Durchsetzung

öffentlich und innerhalb einer angemessenen Frist gehört wird, und zwar von einem unabhängigen und unparteiischen, auf Gesetz beruhenden Gericht, das über zivilrechtliche Ansprüche und Verpflichtungen oder über die Stichhaltigkeit der gegen ihn erhobenen strafrechtlichen Anklage zu entscheiden hat."[126]

Die Garantie des gerichtlichen Gehörs vor einem unabhängigen und unparteilichen Gericht (*by an independent and impartial tribunal, par un tribunal indépendant et impartial*) in Art. 6 Abs. 1 S. 1 EMRK folgt dem Vorbild des Art. 10 der Allgemeinen Erklärung der Menschenrechte der Vereinten Nationen vom 10.12.1948[127]. Der von Teitgen[128] verfaßte Entwurf des Ausschusses für Rechts- und Verwaltungsfragen vom 5.9.1949, den die Beratende Versammlung des Europarates am 9.9.1949 annahm, knüpfte ausdrücklich an die Allgemeine Erklärung der Menschenrechte

---

des verfassungsrechtlichen Gebots richterlicher Unparteilichkeit im Prozeß, Tübingen 2001, S. 45 f.

126 „*In the determination of his civil rights and obligations or of any criminal charge against him, everyone is entitled to a fair and public hearing within a reasonable time by an independent and impartial tribunal established by law.*" (Art. 6 Abs. 1 S. 1 EMRK engl. Fass.). „*Toute personne a droit à ce que sa cause soit entendue équitablement, publiquement et dans un délai raisonnable, par un tribunal indépendant et impartial, établi par la loi, qui décidera, soit des contestations sur ses droits et obligations de caractère civil, soit du bien-fondé de toute accusation en matière pénale dirigée contre elle.*" (Art. 6 Abs. 1 S. 1 EMRK frz. Fass.) zit. nach *Frowein/Peukert* (Fn. 125), Art. 6, vor Rn. 1.

127 „Jeder Mensch hat in voller Gleichberechtigung Anspruch auf ein der Billigkeit entsprechendes und öffentliches Verfahren vor einem unabhängigen und unparteiischen Gericht, das über seine Rechte und Verpflichtungen oder aber über irgendeine gegen ihn erhobene strafrechtliche Beschuldigung zu entscheiden hat." (zit. Nr. 19 Sartorius II: Internationale Verträge – Europarecht). Der Verabschiedung der Allgemeinen Erklärung der Menschenrechte in der Generalversammlung der Vereinten Nationen am 10.12.1948 lag ein Entwurf von René Cassin, dem späteren Präsidenten des EGMR, zugrunde. Bereits vor der Allgemeinen Erklärung der Menschenrechte der Vereinten Nationen vom 10.12.1948 waren auf dem Kongreß der europäischen Bewegung im Haag vom 8.–10.5.1948 und in der Satzung des Europarates vom 5.5.1949 Bestrebungen erkennbar, eine europäische Charta der Menschenrechte zu formulieren. Sogenannte *Message aux Européens du Congrès de l'Europe à l'initiative du Comité international des Mouvements pour l'Unité européenne du 8 au 10 mai 1948*: „*Nous voulons une Charte des Droits de l'Homme garantissant les libertés de pensée, de réunion et d'expression, ainsi que le libre exercice d'une opposition politique.*" zit. in: Protocole n° 11 à la Convention de sauvegarde des Droits de l'Homme et des Libertés fondamentales et rapport explicatif, II. Historique, Les éditions du Conseil de l'Europe 1994, S. 23.

128 Berichterstatter des Ausschusses für Rechts- und Verwaltungsfragen und früherer französischer Justizminister.

der Vereinten Nationen an und übernahm ihren Art. 10 wörtlich.[129] In gleicher Weise berichtete die Beratende Versammlung des Europarates am 8.9.1949 an das Ministerkomitee.[130] Das Expertenkomitee, vom Ministerkomitee eingesetzt und beauftragt, auf der Allgemeinen Erklärung der Menschenrechte der Vereinten Nationen aufzubauen, übernahm deren Art. 10 wörtlich in ihren Entwurf vom 15.2.1950.[131] Diese dem Art. 10 der Allgemeinen Erklärung der Menschenrechte der Vereinten Nationen entnommene Formulierung blieb in allen nachfolgenden Stadien der EMRK-Beratungen unverändert.[132]

Der Anspruch auf gerichtliches Gehör vor einem auf Gesetz beruhenden Gericht (*established by law, établi par la loi*) in Art. 6 Abs. 1 S. 1 EMRK hat seine sprachliche Vorlage in Art. 13 Abs. 1 UN-Entwurf 1949[133], mit dem zeitgleich zu den Vorarbeiten für die EMRK die Vorbereitung des späteren Art. 14 Internationaler Pakt über bürgerliche und politische Rechte vom 19.12.1966[134] begann.[135] Diese Formulierung wurde in den

---

129 Recueil des Travaux Préparatoires de la Convention des Droits de l'Homme, Bd. I, Den Haag/Boston/London 1975, S. 194, S. 196.

130 Travaux Préparatoires (Fn. 129), Bd. II (1975), S. 276.

131 Travaux Préparatoires (Fn. 129), Bd. III (1976), S. 236. Vgl. auch EKMR, Entscheidung vom 19.7.1968, Beschw. 3435–3438/67, CD 28, 129 f.; EKMR, Bericht (2614/65) vom 19.3.1970 (*Ringeisen./.Österreich*), 11-B, 70.

132 Textentwurf des Expertenkomitees vom 16.3.1950, Variante B des Expertenentwurfes (Travaux Préparatoires (Fn. 129), Bd. IV (1977), S. 276); Textentwurf der Konferenz der Leitenden Beamten (8.–17.6.1950) (Travaux Préparatoires, Bd. IV, S. 276); Entwurffassung des Ministerkomitees vom 7.8.1950 (Travaux Préparatoires (Fn. 129), Bd. V (1979), S. 78, 124, 144); Textfassung beschlossen in der Beratenden Versammlung des Europarates am 25.8.1950 (Travaux Préparatoires (Fn. 129), Bd. VI (1985), S. 204 f., 244 f.).

133 Text in: Human Rights, A Compilation of International Instruments, New York 1988, S. 13 f.

134 Zit. nach *St. Stavros*, The Guarantees for Accused Persons under Article 6 of the European Convention on Human Rights, Dordrecht/Boston/London 1993, App. I, S. 363: „*All persons shall be equal before the courts and tribunals, In the determination of any criminal charge against him, or of his rights and obligations in a suit at law, everyone shall be entitled to a fair and public hearing by a competent, independent and impartial tribunal established by law.*" Vgl. *D. McGoldrick*, The Human Rights Committee, Its Role in the Development of the International Covenant on Civil and Political Rights. Vgl. auch Art. 8 Abs. 1 *American Convention on Human Rights* vom 22.11.1969 (zit. nach *Stavros*, App. I, S. 364): „*Every person has the right to a hearing, with due guarantees and within a reasonable time, by a competent, independent, and impartial tribunal, previously established by law.*"

135 Travaux Préparatoires (Fn. 129), Bd. III, S. 222, 236, 254, 284, 290, 316, 320; Bd. IV, S. 52, 60, 186, 220, 276; vgl. auch *P. van Dijk*, The interpretation of „civil rights and obligations" by the European Court of Human Rights – one more

Art. 7 der Variante B des Expertenentwurfes vom 16.3.1950 eingefügt.[136] Die Konferenz der Leitenden Beamten (8.–17.6.1950) übernahm diesen Wortlaut.[137] Er blieb in allen weiteren Entwurffassungen erhalten[138] und ist so in Art. 6 Abs. 1 S. 1 EMRK eingegangen. Der Schutzbereich des Art. 6 Abs. 1 S. 1 EMRK hängt von der vertragsautonomen[139] Auslegung des Gerichtsmerkmals der gesetzlichen Grundlage (*established by law, établi par la loi*) im Rahmen des von der EMRK geschaffenen Rechtsschutzsystems[140] ab.

Die Schutzrichtung des Gerichtsmerkmals der gesetzlichen Grundlage im gerichtsexternen Bereich wendet sich gegen die Gerichtseinsetzung nach dem Ermessen der Exekutive. Dies formulierte der Kommissionsbericht in *Zand./.Österreich* vom 12.10.1978: *„It is the object and purpose of the clause in Article 6 (1) requiring that the courts shall be 'established by law' that the judicial organization in a democratic society must not depend on the discretion of the Executive, but that it should be regulated by law emanating from Parlia-*

---

step to take, in: Protecting Human Rights: The European Dimension/Protection des droits de l'homme: la dimension européenne, Studies in honour of/Mélanges en l'honneur de Gérard J. Wiarda, hrsg. von F. Matscher/H. Petzold, Köln/Berlin/Bonn/München 1988, S. 131, 135 f.

136 Travaux Préparatoires (Fn. 129), Bd. IV, S. 60 f.

137 Travaux Préparatoires (Fn. 129), Bd. IV, S. 276.

138 Entwurffassung des Ministerkomitees vom 7.8.1950 (Travaux Préparatoires (Fn. 129), Bd. V, S. 109 ff.; Annex A (Projet de Convention de Sauvegarde des Droits de l'Homme et des Libertes Fondamentales), S. 149 f.: *„Toute personne a droit à ce que sa cause soit entendue équitablement, publiquement et dans un délai raisonnable, par un tribunal indépendant et impartial établi par la loi, qui décidera, soit des contestations sur ses droits et obligations de caractère civil, soit du bien-fondé de toute accusation en matière pénale dirigée contre elle.“*); Textfassung beschlossen in der Beratenden Versammlung des Europarates am 25.8.1950 (Travaux Préparatoires (Fn. 129), Bd. VI, S. 73 ff.; 143).

139 Die Wiener Vertragsrechtskonvention (WVK) vom 23.5.1969 gilt gem. Art. 4 WVK nicht unmittelbar für die vor dem Inkrafttreten des WVK am 27.1.1980 vereinbarte EMRK (4.11.1950). Dennoch kann die WVK Anhaltspunkte für die Auslegung liefern, da ihre Auslegungsregeln anerkannte Rechtssätze des Völkerrechts darstellen (EGMR 21.2.1975 (*Golder./.Großbritannien*) 18-A, 14 Ziff. 29, EuGRZ 1975, 91; EGMR 21.2.1986 (*James./.Großbritannien*) 98-A, 31 Ziff. 42, EuGRZ 1988, 341; EGMR 8.7.1986 (*Lithgow et al../.Großbritannien*) 102-A, 47 f. Ziff. 114, EuGRZ 1988, 350) und die Mehrzahl der Vertragsstaaten der EMRK auch die WVK ratifiziert haben.

140 EGMR 9.10.1979 (*Airey./.Irland*) 32-A, 12 f. Ziff. 24, EuGRZ 1979, 626, 628: *„practical and effective“*; EGMR 25.4.1978 (*Tyrer./.Großbritannien*) 26-A, 15, EuGRZ 1979, 162, 164: *„living instrument“*, d.h. die Auslegung muß die jeweiligen Zeitumstände berücksichtigen.

ment."[141] Diese Formulierung der gerichtsexternen Schutzrichtung des Gerichtsmerkmals der gesetzlichen Grundlage wurde durch die Bestätigung in *Crociani et al../.Italien*[142] und in *Barthold./.Bundesrepublik Deutschland*[143] zur feststehenden Rechtsauffassung der Europäischen Kommission für Menschenrechte. Die durch Gesetz im voraus[144] zu regelnde Errichtung des Gerichts verbietet Ausnahmegerichte. Ausnahmegerichte sind im europäischen Konsens ad hoc für einen Einzelfall zu einer „bestimmten Beurteilung des Falles"[145] gebildete Gerichte.[146] Leitentscheidung für das in der gerichtsexternen Schutzrichtung des Gerichtsmerkmals der gesetzlichen Grundlage enthaltene Verbot von Ausnahmegerichten ist das Urteil des EGMR vom 8.7.1986 in *Lithgow et al../.Großbritannien.*[147] Das im Zusammenhang mit Nationalisierungsmaßnahmen unter dem *Aircraft and Shipbuilding Industries Act 1977* geschaffene Sonderschiedsgericht (*arbitration tribunal*) für eine beschränkte Anzahl von Streitfällen über die Höhe der zu zahlenden Entschädigung war mit dem Gerichtsmerkmal

---

141 EKMR Bericht (7360/76) vom 12.10.1978 (*Zand./.Österreich*) DR 15, 70, 80 Ziff. 69.

142 EKMR Entscheidung vom 18.12.1980 (*Crociani et al../.Italien*), verb. Beschw. 8603/79, 8722/79, 8723/79, 8729/79, DR 22, 147, 219 Ziff. 8.

143 EKMR, Entscheidung vom 12.3.1981 (*Barthold./.Bundesrepublik Deutschland*), Beschw. 8734/79, DR 26, 145, 154.

144 Anders als die insoweit sprachlich verkürzte Fassung des Art. 6 Abs. 1 S. 1 EMRK formuliert Art. 8 Abs. 1 *American Convention on Human Rights*: „*previously established by law*". Art. 14 Internationaler Pakt für bürgerliche und politische Rechte formuliert wie Art. 6 Abs. 1 S. 1 EMRK nur „*established by law*", wobei die Vorarbeiten (*travaux préparatoires*) die Intention belegen, durch die gesetzliche Vorausregelung die willkürliche Behandlung *ex post facto* im Einzelfall auszuschließen (E/CN.4/SR.107, S. 8; E/CN.4/SR.109, S. 7–9; E/CN.4/SR.110, S. 3 ff., zit. in: *Singvi*, E/CN.4/Sub.2/1985/18).

145 *P. Bischofberger*, Die Verfassungsgarantien der Europäischen Konvention zum Schutze der Menschenrechte und Grundfreiheiten (Art. 5 und 6) in ihrer Einwirkung auf das schweizerische Strafprozeßrecht, Zürich 1972, S. 81; *M. E. Villiger*, Handbuch der Europäischen Menschenrechtskonvention (EMRK) unter besonderer Berücksichtigung der schweizerischen Rechtslage, Zürich 1993, Art. 6, Rn. 410. Vgl. auch *A. Balthasar*, „Recht auf den gesetzlichen Richter" und seine Anwendung auf die Verwaltung, Österreichische Juristische Blätter 116 (1994), 524 ff.; *Chr. Grabenwarter*, Verfahrensgarantien in der Verwaltungsgerichtsbarkeit, Eine Studie zu Artikel 6 EMRK auf der Grundlage einer rechtsvergleichenden Untersuchung der Verwaltungsgerichtsbarkeit Frankreichs, Deutschlands und Österreichs, Wien/New York 1997, S. 656, Fn. 262.

146 *Stavros* (Fn. 134), S. 135.

147 EGMR 8.7.1986 (*Lithgow et al../.Großbritannien*) 102-A, EuGRZ 1988, 350.

der gesetzlichen Grundlage gem. Art. 6 Abs. 1 S. 1 EMRK vereinbar.[148] Insbesondere war die Unabhängigkeit des Schiedsgerichts von Entschädigungsangeboten der Regierung an die Aktionäre der zu verstaatlichenden Unternehmen gewährleistet.[149] Diese Rechtsprechung des EGMR wurde von der Kommission in der Entscheidung vom 8.9.1988 über die Zulässigkeit der Beschwerde (12717/87) *X./.Belgien* hinsichtlich der belgischen Militärgerichte[150] und in der Entscheidung vom 9.12.1988 über die Unzulässigkeit der Beschwerde (12839/87) *Eccles/McPhillips/McShane./.Irland* hinsichtlich des irischen Sonderstrafgerichts für Mord und Raub (*Special Criminal Court in Ireland for the offence of capital murder and robbery*) bestätigt.[151] Der Fall *Muyldermans./.Belgien* wurde zwar nach gütlicher

---

148 EGMR 8.7.1986 (*Lithgow et al../.Großbritannien*) 102-A, 73 Ziff. 201: „*In the first place, they alleged that the Arbitration Tribunal was not a ‚lawful tribunal‘, in that it was an extraordinary court, namely a tribunal set up for the purpose of adjudicating a limited number of special issues affecting a limited number of companies. The Court cannot accept this argument. It notes that the Arbitration Tribunal was ‚established by law‘, a point which the applicants did not dispute.*" Unter Hinweis auf den materiellen Gerichtsbegriff der EMRK, wie er dem Urteil in *Campbell & Fell./.Großbritannien* 80-A, 38 f. Ziff. 76 zugrundeliegt, begründet der EGMR seine Einschätzung des *arbitration tribunal* als Gericht mit gesetzlicher Grundlage gem. Art. 6 Abs. 1 S. 1 EMRK: „*Again, it recalls that the word ‚tribunal‘ in Article 6 § 1 is not necessarily to be understood as signifying a court of law of the classic kind, integrated within the standard judicial machinery of the country; thus, it may comprise a body set up to determine a limited number of specific issues, provided always that it offers the appropriate guarantees. The Court also notes that, under the statutory instruments governing the matter, the proceedings before the Arbitration Tribunal were similar to those before a court and that due provision was made for appeals.*" Vgl. die übereinstimmende Kommissionsmeinung bei 102-A, 118 Ziff. 457. 102-A, 118 Ziff. 458: „*In the Commission's opinion, the Arbitration Tribunal satisfied the requirement of being ‚established by law‘, being set up under provisions of the 1977 Act which specified in sufficient detail both its composition and the scope of its jurisdiction.*"
149 EGMR 8.7.1986 (*Lithgow et al../.Großbritannien*) 102-A, 73 Ziff. 202. Die Frage nach der gesetzlichen Grundlage wird von der Frage der Unabhängigkeit getrennt.
150 Die belgischen Militärgerichte sind trotz der Besetzung mit Militärs als temporäre Richter auf Gesetz beruhende unabhängige Gerichte. Die Unabhängigkeit der Militärs gegenüber Einflußnahmen der Exekutive ist durch die temporäre Richtereigenschaft und das Kollegialitätsprinzip (Beratungs- und Abstimmungsgeheimnis) geschützt (EKMR, Entscheidung über die Zulässigkeit der Beschwerde (12717/87) *X./.Belgien* vom 8.9.1988).
151 Das irische Sonderstrafgericht für Mord und Raub (*Special Criminal Court in Ireland for the offence of capital murder and robbery*) gem. *Part V Offences Against the State Act 1939* ist ein auf Gesetz beruhendes Gericht gem. Art. 6 Abs. 1 S. 1 EMRK, wobei die Beschwerde v.a. die Unabhängigkeit der Richter betraf (EKMR, Entscheidung über die Zulässigkeit der Beschwerde (12839/87)

Einigung gem. Art. 49 Abs. 2, 3, 4 Verfahrensordnung des EGMR a.F.[152] durch Urteil vom 23.10.1991 aus dem Gerichtsregister gelöscht.[153] Der Bericht der Kommission vom 2.10.1990 bestätigte jedoch den belgischen Rechnungshof aufgrund seiner Erwähnung in der belgischen Verfassung als ein auf Gesetz beruhendes Gericht gem. Art. 6 Abs. 1 S. 1 EMRK. Nach den in *Lithgow et al../.Großbritannien*[154] entwickelten Grundsätzen konnte der belgische Rechnungshof als Sondergericht außerhalb der ordentlichen Gerichtsbarkeit durch seine verfassungsrechtliche Grundlage das Gerichtsmerkmal der gesetzlichen Grundlage in Art. 6 Abs. 1 S. 1 EMRK erfüllen.[155] Auf gesetzlicher Grundlage errichtete Sondergerichte verstoßen nicht gegen das Verbot von Ausnahmegerichten,[156] solange sie innerhalb ihrer gesetzlich vorgesehenen Sonderzuständigkeit urteilen.[157] Ebensowenig sind Schiedsgerichte ausgeschlossen.[158]

Eccles/McPhillips/McShane./.Irland vom 9.12.1988, DR 59, 212, 217; EKMR, Entscheidung vom 10.10.1980 (*X und Y./.Irland*), Beschwerde 8299/78, DR 22, 51, 72 ff.).

152 Vom 18.9.1959 i.d.F. der Neubekanntmachung vom 27.11.1989 (BGBl. 1989 II, 955).

153 EGMR 23.10.1991 (*Muyldermans./.Belgien*) 214-A, EuGRZ 1991, 366.

154 EGMR 8.7.1986 (*Lithgow et al../.Großbritannien*) 102-A; EuGRZ 1988, 350.

155 EKMR Bericht (12217/86) vom 2.10.1990 (*Muyldermans./.Belgien*) 214-B, 14 Ziff. 59: „*Even though the Audit Court is not a court of law integrated within the judicial machinery of the Belgian State (see mutatis mutandis Lithgow and others judgments of 8 July 1986, Series A no. 102, p. 73, para. 201), when exercising its judicial functions it does constitute, in the Commission's opinion, a ‚tribunal' within the meaning understood by the Court. Moreover, since the Audit Court is enshrined in the Constitution it is clearly established by law.*"

156 Für die *special criminal chamber* in Irland vgl. EKMR, Entscheidung vom 10.10.1980 (*X und Y./.Irland*), Beschwerde 8299/78, DR 22, 51. Zum Tätigwerden des italienischen Verfassungsgerichtshofs als Sonderstrafgericht gem. Art. 134 Italienische Verfassung vgl. EKMR Entscheidung vom 18.12.1980 (*Crociani et al../.Italien*), verb. Beschw. 8603/79, 8722/79, 8723/79, 8729/79, DR 22, 147.

157 Verhandeln Kriegsgerichte Straftaten ohne Beteiligung eines Streitkräfteangehörigen, liegt darin ein Verstoß gegen Art. 6 Abs. 1 EMRK (EKMR, Entscheidung vom 16.7.1970, 4448/70, CD 34, 64 und 70; YB 13 (1973), 109, 123; EKMR, Bericht vom 4.10.1976, 4448/70, (*Dänemark/Norwegen/Schweden./. Griechenland; 2. Griechenlandfall*), DR 6, 5; EuGRZ 1977, 146 ff. Vgl. dazu Ercman, S. 121). Die Kriegsgerichte in *Engel et al. ./.Niederlande* (EGMR 8.6.1976 (*Engel et al../.Niederlande*), 22-A) und in *Sutter./.Schweiz* (EKMR, Entscheidung über die Zulässigkeit der Beschwerde (8209/78) *Sutter./.Schweiz* vom 1.3.1979, 16 DR 166) hatten keine Gerichtsbarkeit über Zivilisten und zivile Verbrechen.

158 *H. Guradze*, Die Europäische Menschenrechtskonvention, Kommentar, Berlin/Frankfurt a. M. 1968, Art. 6, Rz. 13 m.w.N.

Das Gerichtsmerkmal der gesetzlichen Grundlage formuliert einen europäischen Konsens der Signatarstaaten zur EMRK gegen Ausnahmegerichte. Das Erfordernis der gesetzlichen Grundlage in Art. 6 Abs. 1 S. 1 EMRK ist nicht auf formelle Gesetze beschränkt. Entscheidend für den vertragsautonomen Gesetzesbegriff der EMRK ist die Einheitlichkeit des Gesetzesbegriffes in Artt. 5 Abs. 1 S. 2, 6 Abs. 1 S. 1, 12, 8 – 11 Abs. 2 EMRK, Art. 1 1. Zusatzprotokoll, Art. 2 4. Zusatzprotokoll, die sich auf die in der Präambel der EMRK verankerte Vorherrschaft des Rechts stützt (*rule of law, prééminence du droit,* Abs. 5 Präambel EMRK; Art. 3 Satzung des Europarates (EuRat))[159]. Denn die Vorherrschaft des Rechts bedingt Vorhersehbarkeit staatlichen Handelns,[160] der es zuwiderliefe, der in den einzelnen Garantien für den Gesetzesbegriff durchgehend verwendeten Terminologie *„law"* und *„loi"* der authentischen englischen und französischen Fassungen eine unterschiedliche Bedeutung beizulegen, ohne daß für den Adressaten ein sachlicher Grund ersichtlich ist.[161] Nach dieser gefestigten Rechtsprechung des EGMR verstößt es also gegen das Willkürverbot, wenn Geltung und Umfang der Gewährleistungen in der EMRK nach freiem Belieben der nationalen Rechtssetzungs- und Rechtsanwendungsorgane definiert werden können.[162]

---

159 Zur Übersetzung „Vorherrschaft des Rechts" *R. Herzog,* Das Grundrecht auf Freiheit in der Europäischen Menschenrechtskonvention, AöR 86 (1961), 194, 210 Fn. 66. Diese Übersetzung weicht von der amtlichen deutschen Übersetzung mit Vorherrschaft des Gesetzes ab. Dafür spricht vor allem die authentische französische Fassung *prééminence du droit,* da die französische Sprache zwischen *droit* = Recht und *loi* = Gesetz unterscheidet. Auch die englische Fassung *rule of law* spricht im Hinblick auf die Darstellung der historischen Entwicklung der *rule of law* im 1. Teil, 3. Kapitel, § 5 für die Übersetzung „Vorherrschaft des Rechts". Aus diesen Gründen erscheint die amtliche deutsche Übersetzung „Vorherrschaft des Gesetzes" unzutreffend. Überdies spricht für die hier gewählte Übersetzung noch die Übereinstimmung mit Art. 3 S. 1 EuRat: „Jedes Mitglied des Europarates erkennt den Grundsatz der Vorherrschaft des Rechts und den Grundsatz an, daß jeder, der seiner Hoheitsgewalt unterliegt, der Menschenrechte und Grundfreiheiten teilhaftig werden soll." (Satzung des Europarates vom 5.5.1949, zit. in: UNTS 87, 103; 604, 296; Bd. 777, 322; Bd. 793, 350).
160 EGMR 26.4.1979 (*Sunday Times./.Großbritannien*) 30-A, 30 Ziff. 47; EGMR 2.8.1984 (*Malone./.Großbritannien*) 82-A, 32 Ziff. 67; EGMR 24.5.1988 (*Müller./.Schweiz*) 133-A, 20 Ziff. 29.
161 Gem. Art. 33 Nr. 3 WVK besteht eine Vermutung für dieselbe Bedeutung der Ausdrücke eines Vertrages in jedem authentischen Text (*U. Hoffmann-Remy,* Die Möglichkeiten der Grundrechtseinschränkung nach den Art. 8-11 Abs. 2 der EMRK, Berlin 1998, S. 38; *K. J. Partsch,* Die Rechte und Freiheiten der europäischen Menschenrechtskonvention, in: K. A. Bettermann u.a., Die Grundrechte, Bd. I 1. Halbband, Berlin 1966, S. 218; *S. Trechsel,* EuGRZ 1980, 514, 519).
162 EGMR 8.6.1976 (*Engel./.Niederlande*) 22-A, 34 Ziff. 81.

42

Das Parlamentsgesetz genügt unstreitig dem in der Vorherrschaft des Rechts (Abs. 5 Präambel EMRK) enthaltenen Willkürverbot, da es durch seine abstrakt generelle Vorausbestimmung eine willkürliche Einzelfallbehandlung ausschließt.[163]

Auch ein durch materielles Gesetz errichtetes Gericht beruht auf Gesetz i.S.d. Art. 6 Abs. 1 S. 1 EMRK, vorausgesetzt das materielle Gesetz ergeht aufgrund einer Ermächtigung in der Verfassung[164] oder in einem formellen Gesetz[165]. Der gesetzlichen Ermächtigungsgrundlage bleiben die wesentlichen Rahmenvorschriften vorbehalten. Diese sollen den organisatorischen Aufbau und die Zuständigkeit der Gerichtsbarkeiten ebenso regeln wie die Errichtung der einzelnen Gerichte als organisatorische Einheiten.[166] Innerhalb dieses gesetzlichen Rahmens kann die Exekutive zur Errichtung von Gerichten ermächtigt werden. *„Article 6 (1) does not require the legislature to regulate each and every detail in this field by formal Act of Parliament, if the legislature establishes at least the organizational framework for the judicial organization“*, lautete der Bericht der Kommission in *Zand./.Österreich* vom 12.10.1978, in dem die Vereinbarkeit der gesetzlichen Ermächtigung des

---

163 *M. Kloepfer*, Der Vorbehalt des Gesetzes im Wandel, JZ 1984, 685, 694; *F. Rottmann*, Der Vorbehalt des Gesetzes und die grundrechtlichen Gesetzesvorbehalte, EuGRZ 1985, 277, 294; Gutachten des Inter-Amerikanischen Gerichtshofs für Menschenrechte vom 9.5.1986, OC-6/86, Ziff. 22, EuGRZ 1987, 168 ff.

164 EGMR 1.10.1982 (*Piersack./.Belgien*) 53-A, 16 Ziff. 33, EuGRZ 1985, 301; HRLJ 1983, 207: Art. 98 belgische Verfassung; EKMR Bericht (12217/86) vom 2.10.1990 (*Muyldermans./.Belgien*) 214-B, 14 Ziff. 59, EuGRZ 1991, 366: Art. 116 belgische Verfassung; EGMR 23.6.1981 (*Le Compte/Van Leuven/De Meyere*), 43-A, 24 Ziff. 56, EuGRZ 1981, 551; HRLJ 1981, 349; EKMR, Entscheidung vom 10.10.1980 (*X und Y./.Irland*), Beschwerde N° 8299/78) DR 22, 51, 72 ff. Ziff. 17 ff.

165 EKMR, Entscheidung über die Zulässigkeit der Beschwerde (1216/61) *X./.Bundesrepublik Deutschland* vom 28.3.1963, CD 11, 1, 7. EKMR Bericht (7360/76) vom 12.10.1978 (*Zand./.Österreich*) DR 15, 70, 80 Ziff. 69 ff.

166 Vgl. zu dieser Bedeutung des Ausdrucks *„a tribunal established by law“* in Art. 6 Abs. 1 S. 1 EMRK als Gerichtsbarkeit einerseits und als einzelnes Gericht als solches die Europäische Kommission für Menschenrechte in ihrem Bericht zu Zand./.Österreich vom 12.10.1978: *„the commission observes that the term ‚a tribunal established by law‘ in Article 6 (1) envisages the whole organizational set-up of the courts, including not only the matters coming within the jurisdiction of a certain category of courts, but also the establishment of the individual courts and the determination of their local jurisdiction.“* (EKMR Bericht (7360/76) vom 12.10.1978 (*Zand./.Österreich*) DR 15, 70, 80 Ziff. 68; ÖJZ 35 (1980) 43 m. Anm. Jabloner). Vgl. auch *O. J. Ballon*, Verfassungswidrigkeiten in der Zivilgerichtsbarkeit und ihre Anfechtung, ÖJZ 38 (1983), 225.

Justizministers, bei Bedarf zusätzliche Arbeitsgerichte einzurichten,[167] mit Art. 6 Abs. 1 S. 1 EMRK festgestellt worden ist.[168]

Gegenstand der Entscheidung der Kommission vom 18.12.1980 über die Zulässigkeit der Beschwerde in *Crociani et al../.Italien* war ein der Ministeranklage analoges Verfahren vor dem italienischen Verfassungsgericht auf Antrag einer parlamentarischen Untersuchungskommission (Art. 134 italienische Verfassung vom 27.12.1947).[169] Gesetzliche Grundlage war ein Parlamentsgesetz, das bestimmt, daß die Zuständigkeit für Ministeranklagen auf Personen ausgedehnt werden kann, die mit Vorwürfen belastet sind, die im Sinn des Art. 45 italienische Strafprozeßordnung mit Anschuldigungen gegen Minister in Verbindung stehen. Ausgehend von ihren in *Zand./.Österreich* aufgestellten Grundsätzen[170] war für die Kommission das Antragsermessen der parlamentarischen Untersuchungskommission hinreichend bestimmt, so daß das italienische Verfassungsgericht auch für das der Ministeranklage analoge Verfahren auf Antrag einer parlamentarischen Untersuchungskommission ein auf Gesetz beruhendes Gericht war.

---

167 § 6 (1) österreichisches Arbeitsgerichtsgesetz, öBGBl. 1946/170: „Arbeitsgerichte werden nach Bedarf durch Verordnung des Bundesministeriums für Justiz im Einvernehmen mit den beteiligten Bundesministerien errichtet. Die Verordnung bestimmt zugleich den Standort und Bezirk des Arbeitsgerichts." Jetzt § 2f österreichisches Arbeits- und Sozialgerichtsgesetz (ASSG), öBGBl. 1985/104.

168 EKMR Bericht (7360/76) vom 12.10.1978 (*Zand./.Österreich*) DR 15, 70, 80 f. Ziff. 70 ff.: „*The fact that section 6 (1) of the Austrian Labour Court Act leaves the creation of the individual Labour Courts to delegated legislation of the Minister does not give rise to objection because the scope of the Minister's discretion under the above provision of the Labour Court Act to create these courts ,according to need'* („Nach Bedarf") *is not excessive. As the Government have pointed out this clause implies a certain, albeit vague, limitation of the Minister's discretion by establishing a legal obligation to create a court where there is a local need for it, and to abolish it where such need no longer exists."* Die Feststellung der Überprüfung durch die nationalen österreichischen Gerichte schließt sich an. Abschließend (81 Ziff. 73) lehnt der Kommissionsbericht einen Verstoß gegen Art. 6 Abs. 1 EMRK ab: „*The Commission therefore is of the opinion that the Salzburg Labour Court has been ,established by law' as required by Article 6 (1) of the Convention."*

169 EKMR, Entscheidung vom 18.12.1980 (*Crociani et al../.Italien*), verb. Beschw. 8603/79, 8722/79, 8723/79, 8729/79, DR 22, 147, 219 Ziff. 8.

170 EKMR Entscheidung vom 18.12.1980 (*Crociani et al../.Italien*), verb. Beschw. 8603/79, 8722/79, 8723/79, 8729/79, DR 22, 147, 219 Ziff. 8. Vgl. dazu EKMR Bericht (7360/76) vom 12.10.1978 (*Zand./.Österreich*) DR 15, 70, 80 Ziff. 69: „*The Commission notes that, according to its case-law, the object of the clause in Article 6 (1) requiring that the courts shall be established by law is that the judicial organisation in a democratic society must not depend on the discretion of the Executive, but that it should be regulated by law emanating from Parliament."*

44

Damit wurde die Beschwerde *Crociani et al../.Italien* gem. Art. 27 Abs. 2 EMRK a.F. (= Art. 35 Abs. 3 EMRK) als offensichtlich unbegründet abgewiesen.

Nach feststehender Rechtsauffassung der Kommission in *Zand./. Österreich* und in *Crociani et al../.Italien*[171] garantiert das Erfordernis der gesetzlichen Grundlage in Art. 6 Abs. 1 S. 1 EMRK das Recht auf ein im voraus gesetzlich bestimmtes Gericht, wobei für die gesetzliche Bestimmung ein Parlamentsgesetz, eine Rechtsverordnung aufgrund gesetzlicher oder verfassungsrechtlicher Ermächtigung und für den *common law*-Rechtskreis auch *common law*-Richterrecht[172] genügt. Nach Auffassung der Konventionsorgane des alten Kontrollmechanismus genügen der von Art. 6 Abs. 1 S. 1 EMRK verlangten gesetzlichen Vorausbestimmung auch nationale Regelungen, die einen Ermessensspielraum nationaler Gerichte bzw. Strafverfolgungsbehörden eröffnen.[173] Ermessensentscheidungen der nationalen Justizbehörden ex post facto werden weder von der Kommission noch vom Gerichtshof per se als Verletzung des Art. 6 Abs. 1 S. 1 EMRK angesehen. Überprüfbar sind die Ermessensentscheidungen nur auf die fehlerfreie, insbesondere die willkürfreie Ausübung des Ermessens.

So ist die Entscheidung eines Obergerichts über konkurrierende Zuständigkeiten im Rahmen des Art. 6 Abs. 1 S. 1 EMRK nur dahingehend überprüfbar, ob die gesetzliche Ermächtigungsgrundlage eingehalten und das Ermessen fehlerfrei ausgeübt worden ist: *„However, Article 6 of the Convention does not grant an accused the right to choose the jurisdiction of a court. Rather, in such circumstances the Commission's task is limited to examining whether reasonable grounds existed for the authorities to establish one of the various jurisdictions and whether their decision was lawful."* Diese

---

171 EKMR, Entscheidung vom 18.12.1980 (*Crociani et al../.Italien*), verb. Beschw. 8603/79, 8722/79, 8723/79, 8729/79, DR 22, 147, 219 Ziff. 8; EKMR Bericht (7360/76) vom 12.10.1978 (*Zand./.Österreich*) DR 15, 70, 80 Ziff. 69.

172 In den *common law*-Rechtsordnungen, deren Richterrecht vom EGMR anerkannte Gesetzesqualität hat, beruhen nicht nur die durch Parlamentsgesetz (*statute*) geschaffenen Gerichte mit gesetzlich bestimmter Gerichtsbarkeit (*statutory jurisdiction*) auf Gesetz i.S.d. Art. 6 Abs. 1 S. 1 EMRK, sondern auch die *common law*-Jurisdiktion mit historischer Kontinuität (*concept of immortality*) genügt der Gesetzesqualität gem Art. 6 Abs. 1 S. 1 EMRK (EGMR 26.4.1979 (*Sunday Times./.Großbritannien*) 30-A, EuGRZ 1979, 386; EGMR 22.10.1981 (*Dudgeon./.Großbritannien*) 45-A, EuGRZ 1983, 488; EGMR 20.11.1989 (*markt intern Verlag GmbH & Klaus Beermann./.Bundesrepublik Deutschland*) 165-A, EuGRZ 1996, 302).

173 Vgl. auch *Stavros* (Fn. 134), S. 142. Der Ausdruck „nationale Behörden" wird bewußt gewählt, da neben Gerichten auch die nationalen Strafverfolgungsbehörden z.B. bei beweglichen Zuständigkeiten erfaßt sind.

Feststellung der Kommission in der Entscheidung vom 10.10.1990 über
die Beschwerde (16875/90) *X./.Schweiz*[174] knüpft ausdrücklich an die in
Zand entworfene und in *Crociani* bestätigte Rechtsauffassung an.[175]

Auch die Zuständigkeitsverschiebung ex post facto von den ordentlichen Gerichten an die Sonderstrafgerichte (*Special Criminal Courts*) nach
Ermessen des Generalstaatsanwalts (*attorney general*) aus der Erwägung
heraus, *„that the ordinary courts were, in his opinion, inadequate to secure
the effective administration of justice and the preservation of public peace
and order in relation to the trial of such persons on such charge"*, hielt die
Kommission in ihrer Entscheidung vom 10.10.1980 über die Beschwerde
(8299/78) *X./.Irland* für vereinbar mit Art. 6 Abs. 1 S. 1 EMRK.[176]

Ist die gesetzliche Vorausbestimmung des zuständigen Gerichts im
nationalen Recht nicht als Ermessensnorm, sondern als Norm ohne
Ermessensspielraum ausgestaltet, stellt sich die Frage, inwieweit deren
Verletzung durch nationale Behörden, insbesondere durch die Gerichte,
einen Verstoß gegen Art. 6 Abs. 1 S. 1 EMRK begründet: Verlangt das
Erfordernis der gesetzlichen Errichtung (*established by law*) in Art. 6 Abs. 1
S. 1 EMRK eine gesetzesgemäße Errichtung (*established in accordance with
the law*)? Dies ist in den Entscheidungen der ehemaligen Konventionsorgane noch nicht abschließend geklärt. Während der Kommissionsbericht
zu *Zand./.Österreich* einen Verstoß gegen gesetzliche Zuständigkeitsregeln
als mögliche Konventionsverletzung i.S.d. Art. 6 Abs. 1 S. 1 EMRK an-
sieht,[177] läßt die Zurückweisung der Beschwerde *Barthold./.Bundesrepublik
Deutschland* hinsichtlich Art. 6 Abs. 1 S. 1 EMRK offen, ob das Gericht die

---

174 EKMR, Entscheidung vom 10.10.1990 (*X./.Schweiz*), Beschwerde
(16875/90).

175 *„The Commission notes that, according to its case-law, the object of the
clause in Article 6 (1) requiring that the courts shall be established by law is that the
judicial organisation in a democratic society must not depend on the discretion of the
Executive, but that it should be regulated by law emanating from Parliament. However,
Article 6 para. 1 does not require the legislature to regulate every detail in this area
by formal Act of Parliament if the legislature establishes at least the organisational
framework for te judicial organisation."* (EKMR Bericht (7360/76) vom 12.10.1978
(*Zand./.Österreich*) DR 15, 70, 80 Ziff. 69; EKMR, Entscheidung vom 18.12.1980
(*Crociani et al../.Italien*), verb. Beschw. 8603/79, 8722/79, 8723/79, 8729/79,
DR 22, 147, 219 Ziff. 8).

176 EKMR, Entscheidung vom 10.10.1980 (*X und Y./.Irland*), Beschwerde
8299/78, DR 22, 51, 62.

177 EKMR Bericht (7360/76) vom 12.10.1978 (*Zand./.Österreich*) DR 15,
70, 80 f. Ziff. 71: *„Even though the establishment of the Labour courts in question
by delegated legislation, and a fairly wide discretion of the Minister in this context,
is not as such objectionable under Article 6 (1) of the Convention, it is nevertheless a
requirement for the lawfulness of a court in a given case that these possibilities exist,*

gesetzlich vorgeschriebenen Zuständigkeitsregeln einhalten muß, um eine Konventionsverletzung zu vermeiden.[178] Vertretbar erscheint die Ansicht, daß nur eine willkürliche Verletzung nationalen Rechts als Konventionsverstoß gem. Art. 6 Abs. 1 S. 1 EMRK beachtlich ist. Eine dahingehende Auffassung der Europäischen Kommission für Menschenrechte deutet die Entscheidung über die Beschwerde (18889/91) *X./.Bundesrepublik Deutschland* vom 14.10.1992 an: Das Beschwerdevorbringen griff die Zurückweisung der Rüge fehlender sachlicher Zuständigkeit des Ausgangsgerichts im Revisionsverfahren an. Aufgrund eines späteren als im türkischen Paß eingetragenen Geburtsdatums wäre in erster Instanz nicht das Landgericht, sondern das Jugendgericht zuständig gewesen. Die sachliche Zuständigkeit des Jugendgerichts wurde erst in der Revision beim Bundesgerichtshof vorgetragen. Der Bundesgerichtshof hat daher willkürfrei den Einwand fehlender sachlicher Zuständigkeit des Landgerichts Dortmund nicht beachtet. Die Beschwerde gegen das Fehlen einer gesetzlichen Grundlage gem. Art. 6 Abs. 1 S. 1 EMRK wurde somit als offensichtlich unbegründet gem. Art. 27 Abs. 2 EMRK a.F. (= Art. 35 Abs. 3 EMRK) abgewiesen. In einem weiteren Fall wies die Kommission am 2.12.1992 die Beschwerde (17495/90) *X./.Schweiz* als offensichtlich unbegründet ab, da die Anwendung der perpetuatio fori-Regel durch das Züricher Handelsgericht auf seine sachliche Zuständigkeit willkürfrei war.[179]

Der Schutzbereich des Art. 6 Abs. 1 S. 1 EMRK ist abhängig von dem vertragsautonomen einheitlichen Gerichtsbegriff. Die authentische englische bzw. französische Fassung des Art. 6 Abs. 1 S. 1 EMRK formuliert *„tribunal"*. Dieser Fachausdruck der englischen und der französischen Sprache umfaßt nicht nur einen formellen Gerichtsbegriff des nationalen Rechts, nicht nur die ordentlichen Gerichte der Mitgliedstaaten, sondern

---

and have been exercised, in accordance with the internal law of the State in question including the relevant provisions of the Constitution."

178 EKMR, Entscheidung über die Zulässigkeit der Beschwerde (8734/79) *Barthold./.Bundesrepublik Deutschland* vom 12.3.1981, DR 26, 155 Ziff. 3: *„The question might therefore arise whether the civil courts dealing with the case were tribunals ‚established by law' for the purpose of determining such matters. However, even assuming that the clause in Article 6 (1) of the Convention referring to the lawful establishment of the courts might be interpreted as including a requirement as to be the observance of the domestic regulations relating to the jurisdiction of particular courts for particular matters."* Die Beschwerde über eine Verletzung des Art. 6 Abs. 1 EMRK durch Verstoß gegen die sachlichen Zuständigkeitsregelungen ist unzulässig, da die Zivilgerichte für das Werbeverbot eines Tierarztes nach dem UWG jedenfalls sachlich zuständig sind.

179 EKMR, Entscheidung vom 2.12.1992 (*X./.Schweiz*), Beschwerde (17495/90).

einen durch materielle Kriterien bestimmten Gerichtsbegriff, der sich
aufgrund einer vergleichenden Gesamtbetrachtung der verschiedenen nationalen Rechtsordnungen erarbeiten läßt.[180] Teilweise sind die materiellen
Kriterien des Gerichtsbegriffs, d.h. grundlegende gemeinsame Merkmale
eines Gerichts (*common fundamental features, traits fondamentaux communs*)[181], im Konventionstext selbst bestimmt: Die gesetzliche Grundlage
(*established by law, établi par la loi*), die Unabhängigkeit (*independent,
indépendant*) und die Unparteilichkeit (*impartial, impartial*) fordert Art.
6 Abs. 1 S. 1 EMRK ausdrücklich.[182] Betrachtet man die Rechtsprechung
des früheren Europäischen Gerichtshofs für Menschenrechte, kann man
ein Gericht im materiellen Sinn folgendermaßen definieren: Gerichte
im materiellen Sinn sind danach hoheitliche Rechtspflegeeinrichtungen,
die kraft Gesetzes oder gesetzesgleichen Rechts errichtet sind und im
Rahmen rechtlich festgelegter Kompetenzen und rechtlich geordneter
Verfahren Rechtsprechungsfunktionen über zivilrechtliche Ansprüche
und Verpflichtungen oder strafrechtliche Anklagen nach Maßgabe von
Rechtsnormen wahrnehmen, insbesondere Streitigkeiten – vorbehaltlich
von gerichtlichen Rechtsmittelinstanzen – endgültig entscheiden. Bei der
Ausübung dieser Rechtsprechungsfunktionen müssen sie von anderen
staatlichen oder privaten Stellen weisungs- und kontrollunabhängig sein,
und die Unabhängigkeit und Unparteilichkeit der Richter muß rechtlich
gewährleistet sein.[183]

Entscheidend für den materiellen Gerichtsbegriff ist eine unabhängige,
unparteiliche Rechtsprechungsfunktion (*functional independence in judicial
practice*).[184] Damit sind Unabhängigkeit und Unparteilichkeit konstituie-

180 *H. Walter,* Rechtsvergleichung. Der gerichtliche Rechtsschutz des Einzelnen
gegenüber der vollziehenden Gewalt im Rechts- und Verfassungssystem, in:
Gerichtsschutz gegen die Exekutive, Bd. III: Rechtsvergleichung und Völkerrecht,
hrsg. von H. Mosler, Köln/Berlin/Bonn/München, 1971, 7–19.

181 *Golsong/Karl/Miehsler/Petzold/Rogge/Vogler/Wildhaber* (Fn. 125), Art. 6,
Rn. 287.

182 In den Klammerzusätzen werden die Adjektive der authentischen Kon-
ventionsfassungen beibehalten.

183 EGMR 29.4.1988 (*Belilos./.Schweiz*) 132-A, 29 Ziff. 64, EuGRZ 1989,
21; EGMR 22.10.1984 (*Sramek./.Österreich*) 84-A, 17 Ziff. 36, EuGRZ 1985,
336; EGMR 28.6.1984 (*Campbell & Fell./.Großbritannien*) 80-A, 38 f. Ziff. 76,
EuGRZ 1985, 534; HRLJ 1985, 255; EGMR 16.7.1971 (*Ringeisen./.Österreich*)
13-A, 39 Ziff. 95.

184 Unbeachtlich sind weitere Aufgaben neben der unabhängigen Rechtsprechungsfunktion (EGMR 23.10.1985 (*Benthem./.Niederlande*) 97-A, 17 Ziff.
40, EuGRZ 1986, 299; HRLJ 1986, 340; EGMR 30.11.1987 (*H./.Belgien*)
127-A/127-B, 34 Ziff. 50). Der EGMR hat entsprechend dem hier entwickelten
materiellen Gerichtsbegriff in *Benthem./.Niederlande* die Gerichtsqualität für ein

rende Gerichtsmerkmale, d.h. grundlegende gemeinsame Merkmale eines Gerichts (*common fundamental features, traits fondamentaux communs*).[185] Die Unabhängigkeit muß gegenüber der Exekutive, der Legislative und den Parteien gewährleistet sein.[186] Nach der Definition des materiellen Gerichtsbegriffs betrifft die Unabhängigkeit die Rechtsprechungsfunktion, in deren Ausübung die Richter weder weisungsgebunden noch rechenschaftspflichtig, sondern nur dem Gesetz unterworfen sind.[187] Die Bindung an die Rechtsprechung übergeordneter Gerichte ist mit der richterlichen Unabhängigkeit vereinbar,[188] ebenso die Verbindlichkeit der verwaltungsgerichtlichen Feststellungen zu Vorfragen im Zivilprozeß.[189] Auch die Vorfragenkompetenz einer Verwaltungsbehörde kann mit der gerichtlichen Unabhängigkeit vereinbar sein,[190] nicht aber die

---

Organ verneint, das in justizförmiger Weise lediglich den Sachverhalt aufklärt und einen Entscheidungsvorschlag macht, während die Entscheidung von einer Verwaltungsbehörde getroffen wird. Zur Unabhängigkeit der Rechtsprechungsfunktion vgl. die Entscheidungen zu Art. 5 Abs. 3 EMRK („gesetzlich zur Ausübung richterlicher Funktionen ermächtigter Beamter") in EGMR 4.12.1979 (*Schiesser./.Schweiz*) 34-A, EuGRZ 1980, 202 und in EGMR 26.5.1988 (*Pauwels./.Belgien*), 135-A, EuGRZ 1986, 661.

185 *Golsong/Miehsler/Petzold/Rogge/Vogler/Wildhaber/Breitenmoster* (Fn. 125) Art. 6, Rn. 286.

186 EGMR 16.7.1971 (*Ringeisen./.Österreich*) 13-A, 39 Ziff. 95; EGMR 23.10.1985 (*Benthem./.Niederlande*) 97-A, 17 Ziff. 40, EuGRZ 1986, 299; EKMR Entscheidung vom 18.12.1980 (*Crociani et al../.Italien*), verb. Beschw. 8603/79, 8722/79, 8723/79, 8729/79, DR 22, 147, 210 Ziff. 10. Die Unabhängigkeit gilt für Berufs- und für Laienrichter (EKMR, Entscheidung vom 8.2.1973 (*X./.Schweden*), Beschw. 5258/71, CD 43, 71, 79).

187 EGMR 16.7.1971 (*Ringeisen./.Österreich*) 13-A, 39 Ziff. 95; EGMR 4.12.1979 (*Schiesser./.Schweiz*) 34-A, 12 Ziff. 29, EuGRZ 1980, 202; EGMR 28.6.1984 (*Campbell & Fell./.Großbritannien*) 80-A, 40 Ziff. 79; EGMR 22.10.1984 (*Sramek./.Österreich*) 84-A, 18 Ziff. 38, EuGRZ 1985, 336.

188 EKMR, Entscheidung vom 11.7.1979 (*Pretto./.Italien*), Beschw. 7984/77, DR 16, 92; EGMR 8.12.1983 (*Pretto./.Italien*) 71-A, EuGRZ 1985, 548; HRLJ 1984, 267.

189 EKMR, Entscheidung vom 5.10.1981 (*X./.Bundesrepublik Deutschland*), Beschw. 9126/80.

190 Voraussetzung ist die Möglichkeit einer dem Art. 6 EMRK konformen gerichtlichen Überprüfung der Verwaltungsentscheidung, soweit diese im Zivilprozeß Vorfrage ist (EGMR 28.6.1990 (*Obermeier./.Österreich*) 179 A, 22 f. Ziff. 70, EuGRZ 1990, 209; RUDH 1990, 376; EKMR Bericht (19589/92) vom 19.5.1994 (*British-American Tobacco Company Ltd../.Niederlande*); EGMR 20.11.1995 (*British-American Tobacco Company Ltd../.Niederlande*) 331-A). Vgl. auch *F. Matscher*, ÖZöRV 31 (1980), 1 ff.

Kassationsbefugnis eines Verwaltungsorgans.[191] Die Streitentscheidung muß bindend sein.[192] Die endgültige Entscheidungsgewalt als wichtigen Aspekt gerichtlicher Unabhängigkeit hat der EGMR in der Entscheidung (*Ringeisen./.Österreich*) betont.[193] In dem *2. Griechenlandfall*[194] sah die Kommission in extensiven Amnestien für schwere von den Kriegsgerichten verhängte Gefängnisstrafen eine unzulässige Einmischung der Exekutive in die Unabhängigkeit der Gerichte.

Die Unabhängigkeit in der Ausübung der Rechtsprechungsfunktion muß institutionell abgesichert werden. Institutionelle Garantien sind die Objektivität der Ernennung[195] und die Unabsetzbarkeit[196] für die Dauer der Amtszeit. Nur so kann ein Gericht im materiellen Sinn der EMRK dem äußeren Erscheinungsbild nach als unabhängig erscheinen: „*that justice should not only be done, but should manifestly and undoubtedly be seen to be done*"[197] adaptiert der EGMR in *Campbell & Fell./.Großbritannien*[198] die englische Gerechtigkeitsmaxime. Werden Amtsträger der Exekutive mit richterlichen Aufgaben betraut, prüft der EGMR besonders eingehend, ob dadurch nicht die Unabhängigkeit dem äußeren Erscheinungsbild nach beeinträchtigt wird. In *Sramek./.Österreich* verneinte der Gerichtshof die Unabhängigkeit, weil an der Entscheidung über die Genehmigungsfähigkeit eines Grundstückskaufs durch einen Ausländer in der österreichischen Landesgrundverkehrsbehörde Beamte des berufungsführenden Bundeslandes mitwirkten.[199] Das äußere Erscheinungsbild gerichtlicher Unabhängigkeit

---

191 EGMR 19.4.1994 (*Van de Hurk./.Niederlande*) 288-A; HRLJ 1994, 201; RUDH 1994, 272.

192 EGMR 23.10.1985 (*Benthem./.Niederlande*) 97-A.

193 EGMR 16.7.1971 (*Ringeisen./.Österreich*), 13-A, 39 Ziff. 95.

194 DR 6, 5; EuGRZ 1977, 146 ff.

195 EGMR 8.7.1986 (*Lithgow et al../.Großbritannien*) 102-A, 73 Ziff. 202 f.

196 EGMR 28.6.1984 (*Campbell & Fell./.Großbritannien*) 80-A, 38 f. Ziff. 76; EGMR 8.6.1976 (*Engel et al../.Niederlande*), 22-A, 27 Ziff. 68; EuGRZ 1976, 421.

197 *R. v. Sussex Justices, ex parte McCarthy* [1924] 1 KB 256, 259 per *Lord Hewart, C.J.*: „*a long line of cases shows that it is not merely of some importance but is of fundamental importance that justice should not only be done, but should manifestly and undoubtedly be seen to be done.*" Vgl. auch *R. v. Denbigh Justices, ex parte Williams* [1974] Q.B. 759; [1974] 2 All ER 1052.

198 EGMR 28.6.1984 (*Campbell & Fell./.Großbritannien*) 80-A, 39 f. Ziff. 78. Vgl. auch EGMR 22.6.1989 (*Langborger./.Schweden*) 155-A, 16 Ziff. 32, EuGRZ 1987, 299; RUDH 1989, 148.

199 EGMR 22.10.1984 (*Sramek./.Österreich*) 84-A, 17 Ziff. 36, EuGRZ 1985, 336. In *Ringeisen./.Österreich* (EGMR 16.7.1971 13-A, 39 Ziff. 95) dagegen stand u.a. die Unabhängigkeit einer österreichischen Landesgrundverkehrskommission

war laut *Belilos./.Schweiz* aus der Sicht des Beschwerdeführers nicht gewahrt, wenn ein aus dem Polizeidienst temporär für richterliche Aufgaben abgestellter Beamter über die Anfechtung eines Bußgeldbescheids der Polizeibehörde entscheidet.[200] In *Mitap und Müftüoglu./.Türkei*[201] verneinte die Kommission die Unabhängigkeit von Richtern eines Militärgerichts aufgrund ihrer dienstlichen Unterordnung unter vorgesetzte Offiziere. In *Borgers./.Belgien* sah der EGMR durch die Teilnahme des Generalprokurators am Kassationsgericht an den geheimen Beratungen des Gerichts auch ohne Stimmrecht die gerichtliche Unabhängigkeit ihrem äußeren Erscheinungsbild nach gefährdet. Wenn der Generalprokurator auch in unabhängiger und unparteilicher Weise im Interesse der Einhaltung des Rechts und der Wahrung der Einheitlichkeit der Rechtsprechung nur eine beratende Funktion quasi richterlicher Art ausübt, schließt seine Teilnahme an den Entscheidungsberatungen die Unabhängigkeit des Gerichts dem äußeren Erscheinungsbild nach aus, weil der Generalprokurator durch seinen Antrag, das Rechtsmittel des Beschwerdeführers zurückzuweisen, aus der Sicht des Beschwerdeführers Prozeßgegner ist.[202]

---

in Frage, deren personelle Besetzung nicht der von Landesgrundverkehrsbehörden (*Sramek./.Österreich*) entspricht. In *Ettl./.Österreich* (EGMR 23.4.1987 117-A, 18 Ziff. 37) bejahte der EGMR die Unabhängigkeit des österreichischen Obersten Agrarsenats und des Landesagrarsenats, ungeachtet der Besetzung dieser Spruchgremien für Streitigkeiten über Landreformmaßnahmen mit besonders fachkundigen Beamten des Bundesministeriums für Land- und Forstwirtschaft. Die Kommission dagegen hatte in ihrem Bericht gem. Art. 31 EMRK a.F. die Unabhängigkeit verneint (EKMR Bericht vom 3.7.1985 (*Ettl./.Österreich*) zit. in: 117-A, 26 Ziff. 91 ff.). In *Langborger./.Schweden* (EGMR 22.6.1989 155-A, 16 Ziff. 35) bestätigte der EGMR die Zweifel des Beschwerdeführers an der Unabhängigkeit von Laienrichtern. Die Laienrichter, die über Änderungen im Mietvertrag des Beschwerdeführers zu entscheiden hatten, gehörten den Interessengemeinschaften der Mietervereinigung und der Hauseigentümervereinigung an. In *X./.Schweden* (EKMR Entscheidung vom 7.9.1990 (*X./.Schweden*), verb. Beschw. 12259/86, 12733/87, 12962/87) wurde die Beeinträchtigung der Unabhängigkeit durch einen Interessenkonflikt zwischen den Arbeitgeber- und Arbeitnehmerorganisationen zugehörigen Laienrichtern an schwedischen Arbeitsgerichten verneint.

200 EGMR 29.4.1988 (*Belilos./.Schweiz*) 132-A, 29 Ziff. 67. Vgl. auch EGMR 1.3.1990 (*Kristinsson./.Island*), 171-B und EKMR, Bericht (13291/87) vom 6.2.1990 (*Sverisson./.Island*) zur unabhängigkeitsschädlichen Personalunion zwischen Polizeidirektor und Richter. Beide Fälle wurden durch gütliche Einigung beigelegt.

201 EKMR Bericht (15530/89, 15531/89) vom 8.12.1994 (*Mitap und Müftüoglu./.Türkei*).

202 EGMR 30.10.1991 (*Borgers./.Belgien*), 214-A, 30 ff. Ziff. 22 ff., EuGRZ

Die Unparteilichkeit ist Folge des konstituierenden Gerichtsmerkmals der Unabhängigkeit des Gerichts.[203] Die Unparteilichkeit eines Richters wird bis zum Beweis des Gegenteils vermutet.[204] Die Beteiligung von Standesmitgliedern an Spruchkörpern der Standesgerichtsbarkeit beeinträchtigt daher nicht schon an sich die Unparteilichkeit des Gerichts.[205] Besondere Beziehungen, Sympathien oder auch Antipathien mit einer Prozeßpartei können jedoch die richterliche Unparteilichkeit in Frage stellen.[206] Die Entscheidungen der ehemaligen Konventionsorgane zur richterlichen Unparteilichkeit betreffen überwiegend die Koinzidenz der Strafverfolgungs- und Richterfunktion, d.h. allgemein die mehrfache Mitwirkung in den verschiedenen Verfahrensstadien einer Rechtssache in unterschiedlichen Funktionen. Denn als Folge des konstituierenden Gerichtsmerkmals der Unabhängigkeit muß auch die Unparteilichkeit dem äußeren Erscheinungsbild nach gewahrt sein. Gerade aber die Ausübung gegensätzlicher[207] Funktionen in den verschiedenen Stadien des Strafver-

---

1991, 519; a.A. noch 1970 im gleichgelagerten Fall *Delcourt./.Belgien*: EGMR 17.1.1970 11-A, 15 ff. Ziff. 27-38.

203 EKMR Bericht (8588, 8589/79) vom 12.12.1983 (*Bramelid & Malmström ./.Schweden*) DR 38, 12, 27 Ziff. 33: Die Unabhängigkeit ist Voraussetzung für die Unparteilichkeit.

204 EGMR 23.6.1981 (*Le Compte/Van Leuven/De Meyere*), 43-A, 25 Ziff. 58, EuGRZ 1981, 551; EGMR 10.2.1983 (*Albert & Le Compte./.Belgien*) 58-A, 17 Ziff. 32, EuGRZ 1983, 190.

205 EGMR 23.6.1981 (*Le Compte/Van Leuven/De Meyere*), 43-A, 25 Ziff. 58 (ärztliches Standesgericht). Bestätigt in EKMR, Entscheidung vom 7.11.1988 (*Jean-Claude Nyström./.Belgien*), Beschw. 11504/85 DR 58, 48 (ärztliches Standesgericht); EKMR, Entscheidung vom 18.1.1989 (*Raphaël Versteele./.Belgien*), Beschw. 12458/86 DR 59, 113 (belgisches Standesgericht für Anwälte); EKMR Bericht (16997/90) vom 8.1.1993 (*De Moor./.Belgien*), Annex 292-A, 22 ff.; EGMR 23.6.1994 (*De Moor./.Belgien*), 292-A, 17 Ziff. 53 (belgischer Disziplinarrat für Anwälte); EGMR 22.9.1994 (*Debled./.Belgien*), 292-B, 43 Ziff. 37 (belgisches ärztliches Standesgericht).

206 EGMR 27.8.1991 (*Demicoli./.Malta*) 210-A, 26 f. Ziff. 41, EuGRZ 1991, 475 (Angehörigkeit zum Kreis der durch das angeklagte Delikt Verletzten); EGMR 25.11.1993 (*Holm./.Schweden*) 279-A, RUDH 1993, 349 (Zugehörigkeit der Geschworenen zu der linken Partei, der auch der Beklagte angehörte); EKMR Bericht (16839/90) vom 30.11.1994 (*Remli./.Frankreich*) (Rassistisches Bekenntnis der Geschworenen eines Mordprozesses gegen einen Algerier). Vgl. auch *Frowein/ Peukert* (Fn. 125), Art. 6, Rn. 134, 135 m.w.N.

207 Die mehrfache Mitwirkung als Richter an einer Rechtssache in verschiedenen Instanzen schadet der Unparteilichkeit i.S.d. Art. 6 Abs. 1 EMRK nicht (EGMR 16.7.1971 (*Ringeisen./.Österreich*) 13-A, 39 Ziff. 97; EKMR Bericht (18160/91) vom 5.4.1994 (*Diennet./.Frankreich*), EGMR 26.9.1995 (*Diennet./.Frankreich*), 325-A).

fahrens berechtigt aus der Sicht des Angeklagten oder des Rechtssuchenden zu Zweifeln an der Unvoreingenommenheit der Richter.[208]

Der mit „*tribunal*" bezeichnete materielle Gerichtsbegriff des Art. 6 Abs. 1 S. 1 EMRK erfaßt die Gerichtsbarkeit als solche ebenso wie das einzelne Gericht als organisatorische Einheit: „*the commission observes,*" formuliert die Europäische Kommission für Menschenrechte in ihrem Bericht zu *Zand./.Österreich* vom 12.10.1978, „*that the term ‚a tribunal established by law' in Article 6 (1) envisages the whole organizational set-up of the courts, including not only the matters coming within the jurisdiction of a certain category of courts, but also the establishment of the individual courts and the determination of their local jurisdiction.*"[209]

Die gerichtsexternen Anforderungen in Art. 6 Abs. 1 S. 1 EMRK an die vertragsstaatlichen Gerichtsordnungen, ein Gericht nur mit gesetzlicher Grundlage zu errichten und die gesetzliche Zuständigkeitsordnung willkürfrei einzuhalten, stimmen mit der gemeinsamen historischen Entwicklung der gerichtsexternen Schutzrichtung gegen Willkür der Exekutive überein. Auch zu dem den Garantien übergeordneten Konventionsziel der Vorherrschaft des Rechts (Abs. 5 Präambel der EMRK) paßt die Auslegung des Gerichtsmerkmals der gesetzlichen Grundlage durch die Konventionsorgane des alten Kontrollmechanismus. Die Anerkennung des *common law*-Richterrechts für den einheitlichen und eigenständigen Gesetzesbegriff der Konvention bezieht die Besonderheiten der britischen Gerichtsorganisation in die Garantie des Art. 6 Abs. 1 S. 1 EMRK mit ein.[210]

---

208 EGMR 1.10.1982 (*Piersack./.Belgien*) 53-A, 14 Ziff. 30; EGMR 25.2.1992 (*Pfeifer und Plankl./.Östereich*) 227-A, 16 f., Ziff. 35-39, EuGRZ 1992, 99; HRLJ 1992, 355; RUDH 1993, 30; EGMR 23.5.1991 (*Oberschlick./.Österreich*) 204-A, EuGRZ 1991, 216; EGMR 26.10.1984 (*De Cubber./.Belgien*) 86-A, 13 Ziff. 24 ff., EuGRZ 1985, 407; EKMR Bericht (9976/82) vom 7.5.1985 (*Ben Yaacoub./.Belgien*), 127-A; EGMR 24.5.1989 (*Hausschildt./.Dänemark*) 154-A, 22 Ziff. 43, EuGRZ 1993, 122; EKMR, Entscheidung vom 6.12.1989 (*Rossi./.Frankreich*), Beschw. 11879/85; EGMR 16.12.1992 (*Sainte-Marie./.Frankreich*) 253-A, EuGRZ 1992, 43; RUDH 1993, 269; EGMR 28.9.1995 (*Masson & Van Zon./.Niederlande*) 327-A.

209 EKMR Bericht (7360/76) vom 12.10.1978 (*Zand./.Österreich*) DR 15, 70, 80 Ziff. 68.

210 Die Gesetzesqualität von Richterrecht ist vom EGMR bisher nur für das britische *common law* entschieden. EGMR 26.4.1979 (*Sunday Times./.Großbritannien*) 30-A; EuGRZ 1979, 386; EGMR 22.10.1981 (*Dudgeon./.Großbritannien*) 45-A; EuGRZ 1983, 488; HRLJ 1981, 362; EGMR 20.11.1989 (*markt intern Verlag GmbH & Klaus Beermann./.Bundesrepublik Deutschland*) 165-A; EuGRZ 1996, 302. Im Fall *Sunday Times* hielt der EGMR das Veröffentlichungsverbot eines Contergan-Berichts aufgrund des *common law*-Tatbestandes der Mißachtung des

IV. Grenzen der europäischen Gemeinsamkeiten
im gerichtsinternen Bereich

1. Englische Gerichtsorganisation
ohne Spruchkörper und Geschäftsverteilung

In Großbritannien hat der Rechtsuchende keinen Anspruch auf einen im voraus bestimmten Richter. Die Richterbänke (*benches of judges*) sind keine festen Spruchkörper (*fixed chambers*) im Sinne des kontinentaleuropäischen Kammersystems. Die monarchische Gewalteneinheit (*Queen head of justice, Her Majesty's judges; the Queen's Courts*) schließt eine Untergliederung der englischen Rechtsprechungsorgane in feste Spruchkörper aus. In den alten, aus der *Curia Regis* hervorgegangenen *common law*-Gerichten und im

---

Gerichts (*contempt of court*) für einen vom Gesetz vorgesehenen Eingriff in das Recht auf freie Meinungsäußerung (Art. 10 Abs. 1 EMRK). Bei der Annahme der Gesetzesqualität des richterrechtlichen Tatbestandes *contempt of court* ließ sich der Gerichtshof ausschließlich von den Auswirkungen des Auslegungsergebnisses auf das innerstaatliche Recht eines *common law*-Staates leiten: „*It would clearly be contrary to the intention of the drafters of the Convention to hold that a restriction imposed by virtue of the common law is not prescribed by law on the sole ground that is is not enunciated in legislation: this would deprive a common law-State which is Party to the Convention of the Protection of Article 10 § 2 and strike at the very roots of that State's legal system.*" EGMR 26.4.1979 (*Sunday Times./.Großbritannien*) 30-A, 30 Ziff. 47, EuGRZ 1979, 386. Abgesehen von den negativen Konsequenzen einer Versagung der EMRK-Gesetzesqualität des richterrechtlichen *common law* für das innerstaatliche Recht eines *common law*-Staates enthalten die Entscheidungsgründe der Leitentscheidung *Sunday Times* keine Ausführungen darüber, warum das Richterrecht des *common law* gesetzliche Eingriffsgrundlage in EMRK-Gewährleistungen ist. Überdies spricht der EGMR nie verallgemeinernd von Richterrecht, sondern gebraucht durchgehend die Terminologie *common law*. Gegen die Verallgemeinerungsfähigkeit der für das *common law* anerkannten Gesetzesqualität auf das kontinentaleuropäische Richterrecht spricht auch das non liquet der Kommission im Fall *Rassemblement jurassien*. Sie hielt ausdrücklich eine Entscheidung für nicht erforderlich darüber, ob eine Maßnahme, die sich auf ein unbestrittenes richterrechtliches Prinzip stützt, eine gesetzliche Eingriffsgrundlage hat (Entscheidung der Kommission vom 10.10.1979 (*Rassemblement jurassien*), EuGRZ 1980, 36 ff. Ziff. 6 der Entscheidungsgründe.). Vielmehr scheinen die Konventionsorgane des alten Kontrollmechanismus der Ansicht zu sein (Ansicht von *Trechsel*, der als Mitglied der Europäischen Kommission für Menschenrechte an dieser Entscheidung mitgewirkt hat: *St. Trechsel*, Die Garantie der persönlichen Freiheit (Art. 5 EMRK) in der Europäischen Rechtsprechung, EuGRZ 1980, 514, 519), daß die im *Sunday Times*-Urteil entwickelte Anerkennung der Gesetzesqualität des *common law* nicht auf kontinentaleuropäisches Richterrecht auszudehnen ist.

Oberhaus des Parlaments entschieden alle Richter gemeinsam, so daß es keine Verteilung der Fälle gab. Auch in der heutigen Gerichtsorganisation handelt jeder Richter (*single judge*) und jede Richterbank (*bench of judges*) für das ganze Gericht. Sie entscheiden nicht als selbständige Unterabteilungen wie die Kammern in der kontinentaleuropäischen Gerichtsverfassung, sondern ihr Urteil ist eine Entscheidung des ganzen Gerichts. Damit sind die entscheidenden Richter austauschbare partes pro toto, und ihre Mitwirkung muß nicht nach gesetzlichen Regeln im voraus abstrakt generell bestimmt sein.[211]

Die Geschäftsverteilung (*allocation of cases*) ist Aufgabe der Gerichtsverwaltung (*Court Administration*) in Verbindung mit den vorsitzenden Richtern (*senior judges*). Diese entscheiden von Woche zu Woche die Geschäftsverteilung. Die wöchentliche Geschäftsverteilung ist nicht starr, vielmehr können nach Geschäftsanfall ad hoc-Änderungen vorgenommen und Fälle einem anderen Richter übertragen werden. Die Geschäftsverteilung wird also nicht wie der Geschäftsverteilungsplan in einem deutschen Gericht von einem Richtergremium, sondern von der *Court administration* gemacht. Eine direkte Auswahl des in concreto entscheidenden Richters durch die Parteien ist damit ausgeschlossen.

Diese einzigartige Flexibilität der englischen Gerichtsorganisation resultiert zum einen aus dem selbst in den Rechtsmittelinstanzen fehlenden Kollegialprinzip und zum anderen aus der lediglich verfahrensleitenden Funktion des englischen Richters im Unterschied zur selbstentscheidenden Funktion des kontinentaleuropäischen Richters. Dieser Unterschied beruht auf der Verschiedenheit des Richterbildes diesseits und jenseits des Kanals: „*the essential characteristic of the common law procedural system is that it is a lay system ... the technique of the civil law systems is thus archetypally judicial in that it involves a professional lawyer.*"[212] Die verfahrensleitende Funktion des englischen Richters korrespondiert mit der Parteiherrschaft aufgrund der kontradiktorischen Konzeption des englischen Prozesses. Der mündliche Parteivortrag ist die alleinige Entscheidungsgrundlage.[213] Es

---

211 *Dicey* (Fn. 50), S. 202 f.; *Sir W. I. Jennings,* The law and the constitution, 5th edition, London 1967, S. 49 ff., 54 ff., 311 ff.

212 *D. Edward,* in: The Option of Litigating in Europe, ed. by C. Miller/P. R. Beaumont (the United Kingdom National Committee of Comparative Law), London 1993, S. 43, 49, 54.

213 „*The legal process is assumed to centre on a single, once for all, continuous event, called a trial, at which evidence is led by two equally-matched adversaries, who examine and cross-examine the witnesses and then make oral submissions to the judge on the facts as proved and the law to be applied.*" (*Edward* (Fn. 212), S. 43, 45). ders., ebda. S. 43, 45: „*Any subsequent appeal is concerned with what happened at the trial or the conclusion to be drawn from it.*" Vgl. auch *A-G v. Leveller Magazine*

liegt in der Verantwortlichkeit der Parteien, die zu entscheidende Streit-
frage zu bestimmen, den Beweis vorzubereiten und anzutreten.[214] Mit
dem Bild des Spielrichters (*umpire*) wird die verfahrensleitende Rolle des
englischen Richters beschrieben, wonach die Parteien das Spiel spielen
und der Richter als Schiedsrichter darauf achtet, daß fair gespielt wird:
*„the judge was thought of as an umpire who must see fair play between two
contesting parties."*[215]

2. Französische Gerichtsorganisation

Im französischen Gerichtsverfassungsrecht dagegen sind das erkennende
Gericht als Spruchkörper und die mitwirkenden Richter im voraus abstrakt
generell zu bestimmen. Die Verfassungsgarantie des gesetzlichen Richters
als Ausgestaltung der Gleichheit vor dem Richter (*l'égalité devant la justice*)
erfordert die Vorausbestimmung des Spruchkörpers und seiner Besetzung
(*préconstitution ou prédétermination du juge: le juge naturellement désigné*)
ebenso wie die Vorausbestimmung der Geschäftsverteilung (*prérépartition
des affaires: l'affaire naturellement attribuée*) vor Anhängigkeit anhand objek-
tiver, abstrakt-genereller Regelungen. Dabei sind Ermessensentscheidungen
zulässig.[216] Die Regelungen in Art. 213-8, Art. R. 311-23, Art. R 311-27,
Art. 761-16, Art. 761-24 *Code de l'Organisation Judiciaire* bestimmen
keine rechtliche Sanktion bei Verstößen gegen das Vorausbestimmungserfordernis der Spruchkörperbesetzung oder der Geschäftsverteilung.[217]

Ltd. [1979] A.C. 440, [1979] 1 All ER 745 per *Lord Diplock*: *„As a general rule
the English system of administering justice does require that it be done in public."*

214 *R. M. Jackson,* Jackson's Machinery of justice, edited by J. R. Spencer,
8th edition, Cambridge 1990, S. 76, wobei gerade die Beweisführung darauf
ausgerichtet ist, den zuhörenden Richter zu gewinnen.

215 *Jackson* (Fn. 214), S. 19 ff., 20. Vgl. auch *J. A. Jolowicz,* Fundamental
guarantees in civil litigation: England, in: Fundamental guarantees of the parties
in civil litigation, studies in national, international and comparative law, prepared
at the request of UNESCO under the auspices of the International Association of
Legal Science. Les garanties fondamentales des parties dans le procès civil, études
de droit interne, international et comparé préparées à la requête de l'UNESCO
sous les auspices de l'Association Internationale des Sciences Juridiques, edited
by M. Cappelletti/D. Tallon, Milano/New York 1973, S. 163: *„the role of judge
in the English system of trial is to hear and determine the issues raised by the parties,
not to conduct an investigation."*

216 *Schwab/Gottwald* (Fn. 1), S. 29.

217 *H. Dalle,* À la recherche du juge naturel français, Les Épisodiques 7
(1992), 26.

Gerichtsinterne Organisationsentscheidungen begründen als einfache Akte der gerichtlichen Selbstverwaltung (*mesures d'administration judiciaire, non susceptibles de recours*) im Unterschied zu § 551 Nr. 1 ZPO kein Rechtsmittel gegen ein Urteil. Nur wenn die fehlerhafte Anwendung der Geschäftsverteilungs- und Besetzungsvorschriften auf willkürlichen, offensichtlich unhaltbaren Erwägungen beruht, liegt ein Verstoß gegen die ungeschriebene Verfassungsgarantie des gesetzlichen Richters (gem. Art. 6 Erklärung der Menschen- und Bürgerrechte vom 26.8.1789 i.V.m. der Präambel der Verfassung der V. Republik vom 4.10.1958) in ihrer gerichtsinternen Schutzrichtung vor.

3. Deutsche Gerichtsorganisation

In der deutschen Gerichtsorganisation sind nicht nur das zuständige Gericht als organisatorische Einheit, sondern auch der erkennende Spruchkörper und die für die jeweilige Streitsache zur Mitwirkung berufenen Richter vor Anhängigkeit einer Rechtssache durch den in gesetzmäßiger Weise aufgestellten Geschäftsverteilungsplan nach objektiven Maßstäben abstrakt generell zu bestimmen.[218] Die Verfassungsgarantie des Art. 101 Abs. 1 S. 2 GG erfaßt auch den gerichtsinternen Bereich,[219] ohne daß – im Unterschied zu Frankreich – nach der Rechtsprechung des Bundesverfassungsgerichts Ermessensspielräume zugelassen werden. Der Plenarbeschluß des Bundesverfassungsgerichts vom 8.4.1997 leitet aus den Anforderungen der Garantie des gesetzlichen Richters an die gerichtsinterne Organisation nicht nur eine Willkürgrenze für die Ermessensausübung bei Organisationsentscheidungen ab. Vielmehr ist jeder Entscheidungsspielraum ausgeschlossen, damit „die einzelne Sache blindlings aufgrund allgemeiner, vorab festgelegter Merkmale an den entscheidenden Richter gelangt".[220] Damit begründet jeder, nicht nur der willkürliche Verstoß gegen die Organisationsvorschriften des Gerichtsverfassungsrechts (im Fall

---

218 Art. 101 Abs. 1 S. 2 GG verlangt damit zugleich auch, daß die Kollegialgerichte derartige Geschäftsverteilungspläne aufstellen, aus denen von vornherein so eindeutig wie möglich hervorgehen muß, welches Spruchkollegium des Gerichts und welche Richter zur Entscheidung des Einzelfalls berufen sind (statt vieler *Schulze-Fielitz*, in: Dreier, GG, Art. 101, Rn. 50).

219 *Ch. Degenhart*, Gerichtsorganisation, in: Handbuch des Staatsrechts der Bundesrepublik Deutschland, hrsg. von J. Isensee/P. Kirchhof, Bd. III: Das Handeln des Staates, S. 86 ff. Rn. 17 ff., Heidelberg 1988; *Th. Maunz*, in: Th. Maunz/G. Dürig/R. Herzog, Kommentar zum GG, Art. 101, Rn. 11 ff., München, Stand: 47. Lieferung 2006.

220 Plenarbeschluß vom 8.4.1997, BVerfGE 95, 322, 329, Nr. C I 3. a.E.

des Plenarbeschlusses vom 8.4.1997 gegen § 21g Abs. 2 GVG) zugleich einen Verstoß gegen das grundrechtsgleiche Recht auf den gesetzlichen Richter gem. Art. 101 Abs. 1 S. 2 GG.

Die Geschäftsverteilung obliegt an deutschen Gerichten dem Präsidium als Aufgabe richterlicher Selbstverwaltung, wodurch die Entscheidungen der Geschäftsverteilung am Schutz der richterlichen Unabhängigkeit teilnehmen.[221] Nach dem deutschen Generalbericht zum VII. Internationalen Kongreß für Prozeßrecht (1983) ist eine derartige Lösung die Ausnahme. In den meisten Rechtsordnungen überwiegt eine generelle Verteilung der Geschäfte durch den Gerichtspräsidenten. Auch eine verwaltungsmäßige Unabhängigkeit der Rechtsprechung hinsichtlich ihrer Organisation und der allgemeinen Gerichtsverwaltung besteht in den anderen Ländern meist nicht.[222] Auch der Blick in die Geschichte belegt, daß die Einbeziehung der Spruchkörperbesetzung und Geschäftsverteilung in die Verfassungsgarantie des gesetzlichen Richters erst nach 1945 erfolgt ist. Noch vor den Reichsjustizgesetzen 1877 war die Differenzierung zwischen dem Gericht als organisatorischer Einheit und dem Richter als Spruchkörper unbekannt, wie der synonyme Gebrauch von Richter und Gericht bei Feuerbach belegt.[223] Erst nach 1848/49 wurde erkennbar, daß in der sich ausbildenden Kollegialverfassung auch gerichtsinterne Sicherungen der richterlichen Unabhängigkeit erforderlich sind. Die 1849 beginnende preußische Justizreform[224] führte statt des ständigen Einzelrichteramtes wechselnde Kommissionen ein, deren Zusammenstellung dem Justizminister oder dem Gerichtspräsidenten als Organen der Justizverwaltung, nicht der gerichtliche Selbstverwaltung oblagen. So konnte der preußische Justizminister in den spektakulären Verfahren gegen den Demokraten und Paulskirchenabgeordneten Graf Reichenbach 1851 und gegen den Libe-

---

221 *O. R. Kissel*, Gerichtsverfassungsgesetz, 4. Aufl., München 2005, 21a, Rn. 1. Damit ist das Präsidium eine institutionelle Sicherung der richterlichen Unabhängigkeit (*Schwab/Gottwald* (Fn. 1), S. 14).

222 *Schwab/Gottwald* (Fn. 1), S. 14. Nur in Spanien ist gem. Art. 122 Abs. 2 Spanische Verfassung ein besonderer Generalrat als unabhängiges Verwaltungsorgan für die Gerichte in der Verfassung verankert (*Mendez* (Fn. 16), 37).

223 *Von Feuerbach* (Fn. 116), S. 178, 206.

224 Verordnung über die Aufhebung der Privatgerichtsbarkeit und des eximirten Gerichtsstandes, sowie über die anderweitige Organisation der Gerichte vom 2.1.1849, Gesetzsammlung für die Königlich-Preußischen Staaten 1849, Nr. 1; Gesetz, betreffend die Zusätze zu der Verordnung vom 2.1.1849 über die Aufhebung der Privatgerichtsbarkeit und des eximirten Gerichtsstandes, sowie über die anderweitige Organisation der Gerichte vom 26.4.1851 (Gesetzsammlung für die Königlich-Preußischen Staaten 1851, Nr. 181).

ralen Karl Twesten 1865 die Abstimmungsmehrheiten manipulieren.[225] Während Gneist die Angriffe auf „die Ständigkeit der rechtsprechenden Organe"[226] durch die „flugsandartigen Kommissionen"[227] brandmarkte, war es Rudolf von Jhering, der vor der „Achillesferse" der Einrichtung[228] warnte, die allein mit den Regeln über den Gerichtsstand und über die Kompetenz die ordentlichen Gerichte vor willkürlicher Bildung von ad hoc-Gerichten oder vor der Übertragung einer Rechtssache auf außerhalb der Justiz stehende Organe schützen sollte: „prozessualische Gebundenheit in bezug auf das Gericht kann ... paralysirt werden durch die administrative Befugnis in bezug auf die Wahl der Personen – die Staatsgewalt versetzt die ihr unbequemen Personen an ein anderes Gericht und setzt andere, ihr bequemere an deren Stelle. Dann hat sie das Gericht so, wie sie es will."[229]

Kurz vor dem Erscheinen Jherings „Der Zweck im Recht" 1877 hatten im Deutschen Reichstag die Beratungen des Entwurfes des Gerichtsverfassungsgesetzes vom 29.10.1874 begonnen. Nach kontroversen Beratungen ist es der Reichsjustizkommission[230] und federführend dem nationalliberalen Abgeordneten Eduard Lasker[231] gelungen, mit der am

---

225 Dazu im einzelnen *H. Jessen*, Die deutsche Revolution 1848/49 in Augenzeugenberichten, 2. Aufl., München 1976, S. 384; *W. Schütz*, Einwirkungen des preußischen Justizministers auf die Rechtspflege, Ein Beitrag zur Geschichte des 19. Jahrhunderts. Diss. iur. Marburg 1970, S. 150 ff.; *M. A. Vossieg*, Parlamentarische Justizkritik in Preußen 1847–1870, Diss. iur. Kiel 1974, S. 146.

226 *R. von Gneist*, Der Rechtsstaat und die Verwaltungsgerichte in Deutschland, 2. Aufl., Berlin 1879, S. 227.

227 *R. von Gneist*, Verwaltung, Justiz, Rechtsweg, Berlin 1869, S. 527 f.

228 *R. von Jhering*, Der Zweck im Recht, Erster Band, Zweite umgearbeitete Auflage, Leipzig 1884, S. 407.

229 *Von Jhering* (Fn. 228), S. 407.

230 Bericht der Reichsjustizkommission, in: Hahn, Materialien zum GVG 1879, I. Bd., 2. Abtheil., S. 952 ff.; Protokolle der Reichsjustizkommission, in: ibid., S. 1036 ff.

231 In: Hahn (Fn. 230), I. Bd., 1. Abtheil., S. 797: „Man habe allmählich erkannt, daß die Justizpflege nach ganz besonderen Rücksichten verwaltet werden müsse, wenn sie unabhängig sein solle ... Die Kommission wolle Institutionen für die Verbürgung der Unabhängigkeit der Justizpflege an Stelle der Verantwortlichkeit des Ministers oder der Ministerialräthe setzen. Nur durch solche Institutionen sei die Unabhängigkeit garantiert ... Die Souveränität des Landesfürsten mache Halt vor den Gerichten, aber die Herrschaft des Ministers und Ministerialraths soll fortbestehen! Dies entspreche nicht der geschichtlichen Entwicklung, welche die völlige Unabhängigkeit der Gerichte als ein Grundprinzip in das moderne Leben eingeführt habe ... Ohne solche grundgesetzliche Institutionen gebe die Organisation nur den Schein selbständiger, jeder Beeinflussung entrückter Gerichte.

21.12.1876 im Reichstag angenommenen Regelung der §§ 62, 63 GVG[232] (jetzt § 21e GVG n.F.) auf reichsgesetzlicher Ebene die Ständigkeit der Spruchkörper und der Geschäftsverteilung in richterlicher Selbstverwaltung durchzusetzen, – ganz im Sinne Jherings, als *„Sicherungsmomente"* der persönlichen und sachlichen Unabhängigkeit des Richters.[233] Die einfachgesetzliche Garantie des § 16 GVG (§ 5 des Regierungsentwurfes vom 29.10.1874) beschränkt sich auf den gerichtsexternen Bereich, auf Eingriffe der Exekutive oder der Legislative in die Justiz.

4. Vergleich der Gerichtsorganisationen

Damit gibt es keinen europäischen Konsens im gerichtsinternen Bereich der Geschäftsverteilung und der Spruchkörperbesetzung. Die gerichtsinterne Schutzrichtung ist nicht nur in Frankreich und in Deutschland bekannt, sondern auch in anderen EG-Mitgliedstaaten[234] mit Ausnahme

---

Besonders die großen, und unter ihnen die höheren und höchsten Kollegien liefern ausreichendes Personal zu tendenziösen Kombinationen, so daß mit den gewissenhaftesten Richtern einseitige Rechtspraxis erzielt werden könne."

232 Zustimmung des Bundesrates am 22.12.1876, Ausfertigung am 27.1.1877, Verkündung im Reichsgesetzblatt am 7.2.1877, in Kraft getreten am 1.10.1879: §§ 62, 63 GVG i.d.F. vom 10.10.1879 bestimmen Geschäftsverteilung und Spruchkörperbesetzung durch das Präsidium. Im GVG n.F. sind §§ 61-69 GVG a.F. weggefallen, jetzt 21e GVG.

233 *Hahn* (Fn. 230), I. Bd., 1. Abtheil., S. 803.

234 *Schwab/Gottwald* (Fn. 1), S. 28. Für Italien beispielsweise differenziert der Corte Costituzionale, der italienische Verfassungsgerichtshof, in seiner Grundlagenentscheidung (Pepe) vom 7.7.1962 n° 88 (Il Foro Italiano DXXXV (1962) I, 1217) das Schutzbedürfnis im gerichtsinternen Bereich gegen ad hoc-Besetzungen oder ad hoc-Geschäftsverteilung vom Schutzbedürfnis im gerichtsexternen Bereich gegen ad hoc-Einsetzung von Richtern oder ad hoc-Errichtung von Ausnahmegerichten. Die Garantie des gesetzlichen Richters wurde im italienischen Verfassungsrecht zunächst mit dem Verbot der Ausnahmegerichte gleichgesetzt (Art. 102 der italienischen Verfassung vom 27.12.1947, zuletzt geändert am 22.11.1967). Erst in der Grundlagenentscheidung n° 88 (Pepe) vom 7.7.1962 zur Verfassungswidrigkeit des freien Ermessens des Staatsanwaltes gem. Art. 30 *Codice di procedura penale*, die Eingangszuständigkeit zu wählen, hat der Corte Costituzionale die gerichtsinterne Schutzdimension des Art. 25 der italienischen Verfassung dahin interpretiert, daß auch der konkret entscheidende Richter vor Anhängigkeit der Rechtssache vorausbestimmt sein soll. Nach der Rechtsprechung des BVerfG dagegen ist die bewegliche Zuständigkeit des § 24 Abs. 1 Nr. 3 GVG zulässig, soweit unter justizmäßigen Gesichtspunkten generalisiert und sachfremden Einflüssen auf das Verfahren vorgebeugt wird (BVerfGE 9, 226 f.; BVerfGE 20, 344; BVerfGE 22, 259).

Großbritanniens. Ein Verstoß gegen Geschäftsverteilungs- und Besetzungsvorschriften begründet in Belgien[235], in Griechenland[236], in Italien[237], in
den Niederlanden[238] und in Österreich[239] eine Verletzung des Grundsatzes
des gesetzlichen Richters im gerichtsinternen Bereich, wenn die fehlerhafte
Anwendung der Geschäftsverteilungs- und Besetzungsvorschriften auf
willkürlichen, offensichtlich unhaltbaren Erwägungen beruht.[240] Weder
zu § 61 Verfassung des Königreiches Dänemark[241] noch zu §§ 16, 55, 60

---

235 *J. Velu*, La protection juridictionnelle du particulier contre le pouvoir
exécutif en Belgique, Länderbericht Belgien, in: Gerichtsschutz gegen die Exekutive,
Judicial protection against the Executive, La protection juridictionnelle contre
l'exécutif, hrsg. vom Max-Planck-Institut für Ausländisches Öffentliches Recht
und Völkerrecht, Band 1: Länderberichte, Köln/Berlin/Bonn/München 1969,
S. 55 ff., S. 79.

236 Vgl. auch *Th. Tsatsos*, Der gerichtliche Rechtsschutz des Einzelnen
gegenüber der vollziehenden Gewalt in Griechenland, Länderbericht Griechenland,
in: Gerichtsschutz gegen die Exekutive (Fn. 235), S. 277 ff., S. 304: Die Garantie
des gesetzlichen Richters in Art. 8 der griechischen Verfassung vom 11.6.1975
erfordert die ordnungsgemäße Besetzung der Richterbank im Einzelfall. Die
personelle Besetzung des erkennenden Spruchkörpers im Einzelfall ist durch die
Revisionszuständigkeit des Staatsrates gewährleistet. Eine ordnungswidrige Besetzung
der Richterbank würde eine Gesetzesverletzung darstellen.

237 Die Verfassungsgarantie des gesetzlichen Richters in Art. 25 Verfassung
der Republik Italien bezieht sich auch auf die Zuständigkeit des erkennenden
Spruchkörpers und die personelle Besetzung der Richterbank im Einzelfall (*V.
Bachelet*, La protection juridictionnelle du particulier contre le pouvoir exécutif
en Italie, in: Gerichtsschutz gegen die Exekutive (Fn. 235), S. 469 ff., 493).
Ablehnend gegen die Ausdehnung der italienischen Verfassungsgarantie auch auf
den gerichtsinternen Bereich: Corte Costituzionale, Sentenza n. 13 del 1972,
Giurisprudenza Costituzionale 1973, 1430 (vgl. dazu *A. Pizzorusso*, Giudice
naturale, in: Enciclopedia Giuridica, Vol. XV, Roma 1988, S. 5 ff.).

238 Für die gerichtsinterne Schutzrichtung des Art. 17 Verfassung des König-
reiches der Niederlande vgl. *G. E. Langemeijer*, Der gerichtliche Rechtsschutz des
Einzelnen gegenüber der vollziehenden Gewalt in den Niederlanden, Länderbericht
Niederlande, in: Gerichtsschutz gegen die Exekutive; Judicial protection against
the Executive; La protection juridictionnelle contre l'exécutif, hrsg. vom Max-
Planck-Institut für Ausländisches Öffentliches Recht und Völkerrecht, Band 2:
Länderberichte, Köln/Berlin/Bonn/München 1970, S. 793 ff., S. 803.

239 *G. Winkler*, Der gerichtliche Rechtsschutz des Einzelnen gegenüber der
vollziehenden Gewalt in Österreich, Länderbericht Österreich, in: Gerichtsschutz
gegen die Exekutive (Fn. 238), S. 835 ff., 864 ff.

240 *Schwab/Gottwald* (Fn. 1), S. 29.

241 Es läßt sich keine dänische Rechtsprechung ermitteln, nach der § 61 Verfas-
sung des Königreichs Dänemark auch die personelle Besetzung des entscheidenden
Spruchkörpers erfaßt. Vgl. § 2 dänisches Rechtspflegegesetz zur gerichtsinternen
Geschäftsverteilung und Spruchkörperbesetzung am obersten Gericht und § 6 an

Verfassung Finnlands, zu Art. 36 lit. c Verfassung der Republik Irland, zu Art. 13 Verfassung des Großherzogtums Luxemburg[242], zu Art. 32 Abs. 7 Verfassung der Republik Portugal, zu Kap. 2, § 11 Verfassung des Königreiches Schweden[243] noch zu Art. 24 Abs. 2 Verfassung des Königreiches Spanien konnte einschlägige Rechtsprechung ermittelt werden.

Ein gerichtsinternes Schutzbedürfnis wird auch in der Studie des Europarates (*Directorate of Legal Affairs*) „*The Rule of Law and Justice: achievements of the Council of Europe*" (1997) vorausgesetzt.[244] Die Empfehlung des Ministerkomitees No. R (94) 12 vom 13.10.1994 zählt neben der gesetzlichen Amts- und Kompetenzbestimmung die Unbeeinflußbarkeit der Geschäftsverteilung durch den Willen der Partei oder eines am Verfahrensausgang beteiligten Dritten zu den allgemeinen Prinzipien der richterlichen Unabhängigkeit.[245] Einen Konsens gegen ad hoc-Geschäftsverteilung formuliert auch die International Bar Association in den Minimum Standards of Judicial Independence vom 5.3.1982: „*Division of work among judges should ordinarily be done under a predetermined plan, which can be changed in certain clearly defined circumstances.*"[246] Die Be-

---

den Landgerichten (*B. Christensen,* Der gerichtliche Rechtsschutz des Einzelnen gegenüber der vollziehenden Gewalt in Dänemark, Länderbericht Dänemark, in: Gerichtsschutz gegen die Exekutive (Fn. 235), S. 113 ff., 117 m.w.N.).

242 Auch für eine gerichtsinterne Schutzrichtung des Art. 13 Verfassung des Großherzogtums Luxemburg fehlt einschlägige Rechtsprechung (*F. Welter,* La protection juridictionnelle du particulier contre le pouvoir exécutif en Luxembourg, Länderbericht Luxemburg, in: Gerichtsschutz gegen die Exekutive (Fn. 238), S. 679 ff., 699).

243 „Für bereits begangene Taten, einen bestimmten Rechtsstreit oder ein bestimmtes Verfahren darf nicht eigens ein Gericht errichtet werden." (Kapitel 2 (Grundrechte und Freiheiten) § 11 Verfassung des Königreichs Schweden vom 1.1.1975, zuletzt geändert am 1.1.1980, zit. in: Textausgabe (Fn. 6), S. 492). Vgl. auch *B. Wennergren,* Judicial Protection of the Individual against the Executive in Sweden, Länderbericht Schweden, in: Gerichtsschutz gegen die Exekutive (Fn. 238), S. 921 ff.

244 Dir/Doc (97) 8, COE.M.9/97, S. 7.

245 „*The distribution of cases should not be influenced by the wishes of any party to a case or any person concerned with the results of the case. Such distribution may, for instance, be made by drawing of lots or a system for automatic distribution according to alphabetic order or some similar system.*" (Rec. R. (94) 12; Recommendations, resolutions and declarations of the Committee of Ministers 1994, Documentary Information Service, Strasbourg 1996. COE C.1.1, 2 a.i, a.ii).

246 International Bar Association, Minimum Standards of Judicial Independence, A (Judges and the Excutive) rule 11 lit. a, in: Recht und Politik 18 (1982), 81. Fortsetzung des Zitates: „*b. In countries where the power of division of judicial work is vested in the chief justice, it is not considered inconsistent with judicial independence*

setzung der Spruchkörper muß danach der richterlichen Selbstverwaltung obliegen.[247]

Faßt man den Überblick über die EG-Mitgliedstaaten zusammen, begründen gerichtsinterne Entscheidungen zur Geschäftsverteilung und Spruchkörperbesetzung einen Verstoß gegen den Grundsatz des gesetzlichen Richters im gerichtsinternen Bereich, wenn die fehlerhafte Anwendung der Geschäftsverteilungs- und Besetzungsvorschriften auf willkürlichen Erwägungen beruht. Nur die deutsche Verfassungsgarantie des Art. 101 Abs. 1 S. 2 GG erfaßt nach der jüngsten Rechtsprechung des Bundesverfassungsgerichts jede gerichtsinterne Organisationsentscheidung, im Fall des Plenarbeschlusses vom 8.4.1997 die Auswahl der entscheidenden Richter aus einem überbesetzten Spruchkörper.[248]

5. Übereinstimmung der Vergleichsergebnisse mit der EMRK-Garantie

Den fehlenden europäischen Konsens über die Einbeziehung der gerichtsinternen Spruchkörperbesetzung und Geschäftsverteilung in die Garantie des gesetzlichen Richters bestätigt auch ein Blick auf Art. 6 Abs. 1 S. 1 EMRK: Zum Schutzbereich gehört der gerichtsinterne Bereich nicht.[249] Keine der bisher zu Art. 6 Abs. 1 S. 1 EMRK ergangenen Entscheidungen bejaht eine Konventionsverletzung im gerichtsinternen Bereich.

Im Urteil *Piersack./.Belgien* vom 1.10.1982 ließ der EGMR offen, ob die Mitwirkung eines Richters trotz Ausschluß durch frühere Verfahrensbeteiligung[250] die Garantie der gesetzlichen Grundlage in Art. 6

---

to accord to the chief justice the power to change the predetermined plan for sound reasons, preferably in consultation with the senior judges when practicable. c. Subject to (a.), the exclusive responsibility for case assignment should be vested in a responsable judge, preferably the President of the Court."

247 International Bar Association, Minimum Standards of Judicial Independence, A (Judges and the Excutive) rule 12, in: Recht und Politik 18 (1982), 81: „*The power to transfer a judge from one to another shall be vested in a judicial authority and preferably shall be subject to the judges consent, such consent not be unreasonably withheld.*"

248 Entscheidungsformel des Plenarbeschlusses vom 8.4.1997: „Nach Artikel 101 Absatz 1 Satz 2 des Grundgesetzes ist es grundsätzlich geboten, für mit Berufsrichtern überbesetzte Spruchkörper eines Gerichts im voraus nach abstrakten Merkmalen zu bestimmen, welche Richter an den jeweiligen Verfahren mitzuwirken haben." (BVerfGE 95, 322).

249 EKMR Entscheidung über die Zulässigkeit der Beschwerde (8692/79) *Piersack./.Belgien* vom 15.7.1980, DR 20, 209, 225 a.E.

250 Das Kompatibilitätsverbot des § 127 belgisches Gerichtsgesetz verbietet die Mitwirkung eines Richters, der in einem früheren Verfahrensstadium derselben Strafsache beteiligt war.

Abs. 1 S. 1 EMRK verletzt,[251] und beließ es bei der Feststellung einer Verletzung der Garantie der Unparteilichkeit.[252] Die Kommission hatte in ihrer Entscheidung über die Zulässigkeit der Beschwerde (8692/79) *Piersack./.Belgien* vom 15.7.1980 den gerichtsexternen Bereich (*statutory provisions of an institutional nature (ie. the legal basis of the existence of the court)*) vom gerichtsinternen Bereich (*organisational provisions (ie. the organisation and working of the court)*) unterschieden und die Frage nach der gerichtsinternen Schutzrichtung der Garantie der gesetzlichen Grundlage in Art. 6 Abs. 1 S. 1 EMRK aufgeworfen: „*However, it considers that the position as stated by the applicant, assuming it to be established, raises a problem in relation to the interpretation of the words ‚established by law' in Article 6, paragraph 1 of the Convention, in particular as to whether they refer exclusively to statutory provisions of an institutional nature (i.e. the legal basis of the existence of the court) or also to organisational provisions (ie. the organisation and working of the court).*"[253]

Die Entscheidung der Kommission vom 18.12.1980 über die Zulässigkeit der Beschwerde *Crociani et al../.Italien* behandelte die Ernennung der Richter durch die parlamentarische Untersuchungskommission als Problem der Unparteilichkeit und nicht unter dem Aspekt der gesetzlichen Grundlage in Art. 6 Abs. 1 S. 1 EMRK.[254] Die Auslosung zusätzlicher Richter war rechtmäßig, so daß die Beschwerde in dieser Hinsicht offensichtlich unbegründet war.[255]

---

251 EGMR 1.10.1982 (*Piersack./.Belgien*) 53-A, 16 Ziff. 33, EuGRZ 1985, 301, 304: „*In order to resolve this issue, it would have to be determined whether the phrase ‚established by law' covers not only the legal basis for the very existence of the ‚tribunal' – as to which there can be no dispute on this occasion – but also the composition of the bench in each case ... In the particular circumstances, it does not prove to be necessary to examine this issue, for in the present case the complaint, although made in a different legal context, coincides in substance with the complaint which has been held in the preceeding paragraph to be well founded.*"

252 EGMR 1.10.1982 (*Piersack./.Belgien*) 53-A, 16 Ziff. 32.

253 EKMR, Entscheidung über die Zulässigkeit der Beschwerde (8692/79) *Piersack./.Belgien* vom 15.7.1980, DR 20, 209, 225 a.E.

254 In der Begründung stellt die Kommission darauf ab, daß die vom Parlament ernannten Richter nach einer Liste gewählt wurden, an deren Aufstellung die verschiedenen im Parlament vertretenen Parteien mitgewirkt haben. Politische Neigungen innerhalb des Richtergremiums begründeten nach Kommissionsauffassung dann nicht den Vorwurf der Unparteilichkeit gegenüber den Verfahrensbeteiligten, wenn verschiedene politische Tendenzen vertreten seien (EKMR Entscheidung vom 18.12.1980 (*Crociani et al../.Italien*), verb. Beschw. 8603/79, 8722/79, 8723/79, 8729/79, DR 22, 147, 221 Ziff. 11).

255 EKMR, Entscheidung vom 18.12.1980 (*Crociani et al../.Italien*), verb. Beschw. 8603/79, 8722/79, 8723/79, 8729/79, DR 22, 147, 220 Ziff. 9: „*In*

Der Leitentscheidung in *Piersack./.Belgien* ähnliche Befangenheitskonstellationen begründeten in der Entscheidung der Kommission über die Zulässigkeit der Beschwerde *Kremzow./.Österreich*[256] und im Urteil des EGMR in *Pfeiffer u. Plankl./.Österreich*[257] Konventionsverstöße gegen die Garantie eines unparteilichen Gerichts in Art. 6 Abs. 1 S. 1 EMRK. Die Verletzung des Gerichtsmerkmals der gesetzlichen Grundlage ließ der Gerichtshof in der letztgenannten Entscheidung wegen der Koinzidenz mit der Verletzung der Unparteilichkeit dahinstehen: *„In the Court's opinion, the complaint of the lack of an ‚impartial' tribunal and that of the lack of a tribunal ‚established by law' coincide in substance in the present case.*"[258]

Im Fall *Barberá, Messegué, Jabardo./.Spanien*[259] wurde die kurzfristige Änderung der personellen Besetzung des Dreier-Spruchkörpers der *Audiencia Nacional*[260] nur unter dem Aspekt der Unparteilichkeit[261] und des fairen

---

this connection the Commission notes that, even assuming that the expression ‚tribunal established by law' includes respect for domestic statutory provisions for an organisational nature (i.e. composition and operation of the court), and not merely institutional provisions (cf. decision on admissibility of application No. 8692/79 (DR 20, 209) [Zitat der Entscheidung der Kommission über die Zulässigkeit der Beschwerde in Piersack./.Belgien] *the applicants' complaints are manifestly illfounded.*"

256 EKMR, Entscheidung über die Zulässigkeit der Beschwerde (12350/86) vom 5.9.1990. Vgl. die Grundsätze in *Piersack./.Belgien* (EKMR Entscheidung über die Zulässigkeit der Beschwerde (8692/79) *Piersack./.Belgien* vom 15.7.1980, DR 20, 209), wo der Präsident des Schwurgerichts in einem früheren Verfahrensstadium stellvertretender Staatsanwalt gewesen war.

257 EGMR 25.2.1992 (*Pfeifer und Plankl./.Östereich*) 227-A, 17, Ziff. 39.

258 EGMR 25.2.1992 (*Pfeifer und Plankl./.Östereich*) 227-A, 16, Ziff. 36.

259 EGMR 6.12.1988 (*Barberá, Messegué, Jabardo./.Spanien*) 146-A, 26 Ziff. 72; HRLJ 1988, 267.

260 Am 4.1.1977 zur Aburteilung terroristischer Tatbestände errichtet durch *Royal Legislative Decree no 3/77*. Vgl. EGMR 6.12.1988 (*Barberá, Messegué, Jabardo./.Spanien*) 146-A, 18 Ziff. 44 f.

261 Die kurzfristige Auswechslung des vorsitzenden Richters und eines Beisitzers ohne rechtzeitige Mitteilung an die Angeklagten begründete nach Auffassung des EGMR nicht an sich einen Verstoß gegen die Garantie des unparteiischen Gerichts in Art. 6 Abs. 1 S. 1 EMRK (EGMR 6.12.1988 (*Barberá, Messegué, Jabardo./.Spanien*) 146-A, 22 Ziff. 57). Die Beteiligung des eingewechselten vorsitzenden Richters in einem früheren Verfahrensstadium an der rein verfahrensleitenden Ablehnung des Gesuchs, den Prozeß nach Barcelona zu verlegen, konnte mangels Ausschöpfung der nationalen Rechtsmittel durch Prozeßrüge nicht als Verstoß gegen die Garantie des unparteilichen Gerichts in Art. 6 Abs. 1 S. 1 EMRK berücksichtigt werden (ebda., 22 Ziff. 59).

Verfahrens[262] erörtert.[263] Die plötzliche Auswechslung des Vorsitzenden
Richters und eines Beisitzers begründete zusammen mit dem kurzfristigen
Gefangenentransport zum Prozeßort, der Gedrängtheit der mündlichen
Verhandlung und mit dem Verzicht der Verlesung der umfangreichen
Beweisaufnahme in der mündlichen Verhandlung (*por reproducida*) den
Konventionsverstoß gegen die Garantie des fairen Verfahrens in Art. 6
Abs. 1 S. 1 EMRK.[264]

Die verbundenen Beschwerden (12522/86 und 12652/87) *X./.Schweiz*[265]
wandten sich gegen die Zuweisung an eine außerordentliche Kammer
nach Befangenheitserklärung der ordentlichen Richter. Das Vorbringen
der Verletzung der Garantie der gesetzlichen Grundlage in Art. 6 Abs. 1
S. 1 EMRK wurde als offensichtlich unbegründet abgewiesen, da die am
Basel-Landschaft-Berufungsgericht gewählte außerordentliche Kammer
nach schweizerischem Recht (*section 22, 23bis Basel-Landschaft Gerichtsverfassungsgesetz*) rechtmäßig war.

Im Urteil des Gerichtshofes in *Holm./.Schweden* vom 25.11.1993[266]
konnte die Verletzung des Gerichtsmerkmals der gesetzlichen Grundlage
offenbleiben, da die Besetzung der Jury mit Parteimitgliedern in einem
Verfahren zur Pressefreiheit (*freedom of press-case*) bereits gegen die Garantie
eines unparteilichen und unabhängigen Gerichts i.S.d. Art. 6 Abs. 1 S.
1 EMRK verstieß.

Nach Ansicht der Kommission in der Entscheidung über die Zulässigkeit
der Beschwerde (1476/62) *X./.Österreich*[267] ist die Zusammensetzung der
Jury eine gerichtsinterne Angelegenheit und betrifft nicht die Errichtung
des Gerichts als organisatorische Einheit. Damit berührt die fehlerhafte
Zusammensetzung der Jury an sich nicht die gesetzliche Grundlage des
Gerichts i.S.d. Art. 6 Abs. 1 S. 1 EMRK: „*Whereas the composition of jury*

---

262 EGMR 6. 12. 1988 (*Barberá, Messegué, Jabardo./.Spanien*) 146-A, 26
Ziff. 72.

263 Das Beschwerdevorbringen, die *Audiencia Nacional* sei ein Ausnahmegericht,
das die Kommission in ihrem Bericht (Bericht vom 16.10.1986, 146-A Annex,
47 Ziff. 94) abgelehnt hat, wird von den Beschwerdeführern nicht weiter verfolgt.
Der EGMR schließt sich der Meinung der Kommission an (EGMR 6.12.1988
(*Barberá, Messegué, Jabardo./.Spanien*) 146-A, 20 Ziff. 53).

264 EGMR 6.12.1988 (*Barberá, Messegué, Jabardo./.Spanien*) 146-A, 31
Ziff. 89.

265 EKMR, Entscheidung vom 6.3.1989 (*X./.Schweiz*), verb. Beschwerden
(12522/86 und 12652/87).

266 EGMR 25.11.1993 (*Holm./.Schweden*) 279-A; RUDH 1993, 349.

267 EKMR, Entscheidung über die Zulässigkeit der Beschwerde (1476/62)
X./.Schweiz vom 23.7.1963, CD 11, 31, 42: „*whereas it seems beyond doubt that the
jury was not composed in accordance with the rules laid down in Austrian Law.*"

66

*is an administrative matter which does not, as such, concern the ,establishment'
of the Court.*"[268] Diese Aussage beinhaltet zugleich die Unterscheidung
zwischen gerichtsinternem (*administrative matter*) und gerichtsexternem
Bereich (*,establishment' of the Court*) und die Einschränkung des Gerichtsmerkmals der gesetzlichen Grundlage auf eine gerichtsexterne Schutzrichtung. Die gerichtsinterne Verwaltungsangelegenheit wird nur dann zu einer
Verletzung der gesetzlichen Grundlage des Gerichts mit Außenwirkung,
mit Relevanz für den gerichtsexternen Bereich, wenn sie die Wirkung einer
Justizverweigerung entfaltet und somit den Verfahrensausgang beeinflußt:
„*whereas any administrative error is to be taken into account only insofar as
the error caused such prejudice to the Applicant as to amount to a denial of
justice; whereas it is not shown that the admission of these jurors as principal
jurors, although they did not figure on the list of principal jurors, did in any
way affect the outcome of the trial; whereas, consequently, the Commission
finds that whatever mistake might have been made did not result in a denial
of justice;*"[269]

Die Entscheidung der Europäischen Kommission für Menschenrechte vom 28.3.1963 über die Zulässigkeit der Beschwerde (1216/61)
X./.Bundesrepublik Deutschland betraf die Geschäftsverteilung zwischen
einer Großen Strafkammer und einer Hilfskammer eines deutschen
Landgerichts. Als vorübergehend zur Vermeidung von Überbesetzungen
gebildeter Spruchkörper[270] vertritt die Hilfskammer die ordentliche
Strafkammer in solchen Geschäften, die diese infolge anderweitiger In-
anspruchnahme nicht selbst erledigen kann.[271] Die Hilfskammer ist ein
vorübergehend gebildeter Spruchkörper,[272] aber kein ad hoc-Spruchkörper.
Verhandelt die ordentliche Kammer eine Rechtssache, ist sie entgegen dem
Beschwerdevorbringen, die Anklage hätte vor der Hilfskammer verhandelt

---

268 EKMR, Entscheidung über die Zulässigkeit der Beschwerde (1476/62)
X./.Schweiz vom 23.7.1963; CD 11, 31, 42.

269 EKMR, Entscheidung über die Zulässigkeit der Beschwerde (1476/62)
X./.Schweiz vom 23.7.1963; CD 11, 31, 42.

270 *M. Wolf,* Gerichtsverfassungsrecht aller Verfahrenszweige, 6. Aufl., München
1987, S. 141.

271 Allerdings darf eine Hilfskammer niemals die Stelle einer ordentlichen
Strafkammer einnehmen, weshalb eine Hilfskammer nur innerhalb eines bestimmten
Zeitraums bestehen und nicht zu einer ständigen Einrichtung werden darf. Nur
wenn sich der Abschluß des Verfahrens, das die vertretene Kammer beschäftigt und
die Einrichtung der Hilfskammer überhaupt erforderlich machte, unvorhergesehen
und unvorhersehbar verzögert, ist das Bestehen einer Hilfskammer auch über einen
längeren Zeitraum hin zulässig.

272 *Wolf* (Fn. 270), S. 141

werden müssen,[273] ein auf Gesetz beruhendes Gericht im Sinn des Art. 6 Abs. 1 S. 1 EMRK. Ob das Gerichtsmerkmal der gesetzlichen Grundlage auch einen gerichtsinternen Schutzbereich hat, hat die Kommission damit nicht festgestellt.[274]

Die von der Kommission als offensichtlich unbegründet gem. Art. 27 Abs. 2 EMRK a.F. zurückgewiesene Beschwerde *Barthold./.Bundesrepublik Deutschland* betrifft nicht gerichtsinterne Verwaltungsangelegenheiten der Besetzung oder Geschäftsverteilung, sondern die gerichtsexterne Frage der sachlichen Zuständigkeit der Zivilgerichte für die UWG-Vorwürfe gegen den Beschwerdeführer.[275]

Die Veröffentlichung der Schöffenlisten gem. § 36 Abs. 3 GVG gehört nach der Entscheidung der Kommission über die Zulässigkeit der Beschwerde (188825/91) *X./.Bundesrepublik Deutschland* vom 14.10.1992 zum gerichtsinternen Bereich. Die Entscheidung der Kommission betont den gerichtsexternen Schutzbereich des Gerichtsmerkmals der gesetzlichen Grundlage: „*that a court of law had to be established in accordance with the law, served to guarantee the independence of the judiciary. In particular it served to avoid danger that in a given case the decision-making could be manipulated by the choice of a judge ad hoc.*" Die Bekanntmachung der Gemeindesatzung zur Regelung der Veröffentlichung der Schöffenliste ist bloße Vorbereitungsmaßnahme, deren Fehlerhaftigkeit die Rechtmäßigkeit der Besetzung des Schöffengerichts nicht beeinträchtigen kann.[276] Die fehlerhafte Veröffentlichung der Gemeindesatzung hat in keiner Weise Außenwirkung, beeinträchtigt nicht den gerichtsexternen Bereich, dessen Schutzrichtung gegen eine willkürliche Auswahl für den Einzelfall gerichtet ist.[277] Auch die gerichtsinterne Verwaltungsmaßnahme der Veröffentlichung der Schöffenlisten schließt die Kommission aus dem gerichtsexternen Schutzbereich aus, auf den sich das Gerichtsmerkmal der gesetzlichen Grundlage beschränkt: „*The question as to the manner in*

---

273 EKMR, Entscheidung über die Zulässigkeit der Beschwerde (1216/61) *X./.Bundesrepublik Deutschland* vom 28.3.1963, CD 11, 1, 3.

274 EKMR, Entscheidung über die Zulässigkeit der Beschwerde (1216/61) *X./.Bundesrepublik Deutschland* vom 28.3.1963, CD 11, 1, 7.

275 EKMR, Entscheidung über die Zulässigkeit der Beschwerde (8734/79) *Barthold./.Bundesrepublik Deutschland* vom 12.3.1981, DR 26, 155 Ziff. 3 (Werbeverbot eines Tierarztes nach dem UWG).

276 EKMR, Entscheidung über die Zulässigkeit der Beschwerde (188825/91) *X./.Bundesrepublik Deutschland* vom 14.10.1992, [S. 2].

277 „*Furthermore the applicant had not shown that in his case the choice of the lay judges was in any way affected by arbitrariness.*" (EKMR, Entscheidung über die Zulässigkeit der Beschwerde (188825/91) *X./.Bundesrepublik Deutschland* vom 14.10.1992, [S. 2].

which these Statutes had to be publicised is however an administrative matter which does not, as such, concern the ‚establishment' of the court."[278] Außen-wirkung auf den gerichtsexternen Bereich haben fehlerhafte gerichtsinterne Verwaltungsmaßnahmen nur, wenn sie Justizverweigerung darstellen: „*Any administrative error in this respect would have to be taken into account only insofar as the error might have caused such prejudice to the applicant as to amount to a denial of justice.*"[279]

In dem der Entscheidung der Kommission in *Aguilar Gonzalez/Fern-andez Alvarez/Gutierrez Lobo./.Spanien* vom 1.4.1992[280] zugrundeliegenden Disziplinarverfahren gegen die Beschwerdeführer als Polizisten hat der mitwirkende Vorsitzende Richter die nach spanischem Recht zulässige Dienstaltersgrenze überschritten. Die darauf gestützte Beschwerde der Verletzung des Art. 6 Abs. 1 S. 1 EMRK wird von der Kommission als offensichtlich unbegründet abgewiesen. Die Kommission stellt fest, daß der Spruchkörper, die vierte Kammer der *Audiencia Provincial de Madrid*, ein durch Gesetz errichtetes Gericht ist, das sich in die nationale Gerichts-organisation einfügt. Ihre sachlichen und örtlichen Zuständigkeiten sind durch Gesetz festgelegt. Die Beschwerdeführer rügen die personelle Be-setzung des Spruchkörpers und nicht die Einrichtung des Gerichts. Die Kommission berücksichtigt, daß die personelle Besetzung des entschei-denden Spruchkörpers eine Essentiale der internen Organisation der Ju-dikative ist und entsprechend den Normen des nationalen Rechts geregelt werden muß. Es liegt eine fehlerhafte Anwendung des internen Rechts vor, das eine solche Dienstzeitverlängerung nicht erlaubt. Die Kommissi-on ist der Meinung, daß diese Frage des gerichtsinternen Rechts außerhalb des Schutzbereiches des Art. 6 EMRK liegt. Die Kommission versteht also den Schutzbereich des Art. 6 Abs. 1 S. 1 EMRK nur gerichtsextern. Der Verstoß gegen die nationale Dienstaltersregelung als gerichtsinterne Verwaltungsangelegenheit wird nur dann zu einer Verletzung der gesetz-lichen Grundlage des Gerichts in Art. 6 Abs. 1 S. 1 EMRK, wenn sie als Justizverweigerung oder willkürliche Manipulation des Verfahrensausgangs Außenwirkung, d.h. Relevanz für den gerichtsexternen Bereich, entfaltet. Dies war in *Aguilar Gonzalez/Fernandez Alvarez/Gutierrez Lobo./.Spanien* nicht gegeben.

---

278 EKMR, Entscheidung über die Zulässigkeit der Beschwerde (188825/91) *X./.Bundesrepublik Deutschland* vom 14.10.1992, [S. 3].

279 EKMR, Entscheidung über die Zulässigkeit der Beschwerde (188825/91) *X./.Bundesrepublik Deutschland* vom 14.10.1992, [S. 3].

280 EKMR, Entscheidung über die Zulässigkeit der Beschwerden (17610/91; 17970/91; 18070/91) *F.A., F.F. et V.G../.Spanien* vom 1.4.1992.

Das Urteil *Winterwerp./.Niederlande*[281] sieht in der Geschäftsübertragung von der Kammer auf den Einzelrichter keinen Verstoß gegen die in Art. 5 Abs. 1 lit. e EMRK[282] garantierte gesetzlich vorgeschriebene Weise der Freiheitsentziehung, die der Garantie der gesetzlichen Grundlage in Art. 6 Abs. 1 S. 1 EMRK entspricht,[283] wenn die Änderung des Spruchkörpers nicht als willkürliche Manipulation der Rechtsprechung Außenwirkung im gerichtsexternen Bereich entfaltet. Ist die Vereinbarkeit des Geschäftsverteilungsplans, der diese Übertragung auf den Einzelrichter regelt, mit Art. 288 (b) niederländische Zivilprozeßordnung als schwierige Frage des niederländischen Rechts ungeklärt, ist jedenfalls Willkür der niederländischen Behörden ausgeschlossen.[284]

Das Gerichtsmerkmal der gesetzlichen Grundlage in Art. 6 Abs. 1 S. 1 EMRK hat nach der analysierten Rechtsauffassung der ehemaligen Konventionsorgane keinen gerichtsinternen Schutzbereich. Die EMRK formuliert keinen europäischen Konsens über das Erfordernis abstrakt-genereller Regeln der personellen Besetzung und der Geschäftsverteilung. Diese Interpretation steht im Einklang mit der Empfehlung des Ministerkomitees zur richterlichen Unabhängigkeit No. R (94) 12 vom 13.10.1994, in der die Geschäftsverteilung beachtet wird, soweit sie Außenwirkung auf die richterliche Unabhängigkeit im gerichtsexternen Bereich hat.[285] Die

---

281 EGMR 24.10.1979 (*Winterwerp./.Niederlande*) 33-A. Die Rechtmäßigkeit der Haft i.S.d. Art. 5 Abs. 1 lit. e EMRK umfaßt formelle (verfahrensrechtliche) und materielle (sachliche) Vorschriften (33-A, 17 Ziff. 39).

282 EGMR 24.10.1979 (*Winterwerp./.Niederlande*) 33-A, 20 ff. paras. 48 ff.

283 EGMR 24.10.1979 (*Winterwerp./.Niederlande*) 33-A, 27 ff. paras. 69 ff. rügt Verstoß gegen Art. 6 Abs. 1 S. 1 EMRK.

284 Die Entscheidung durch den Einzelrichter des Utrechter Bezirksgerichts anstelle einer Kammer wird als Verstoß gegen Art. 5 Abs. 1 lit. e EMRK gerügt. Der Geschäftsverteilungsplan sieht die Zuweisung dieser Fälle an den Einzelrichter vor, wobei streitig war, ob der Geschäftsverteilungsplan gegen Art. 288 (b) niederländische Zivilprozeßordnung verstößt, der für die Übertragung einer bestimmten Sache an einen Einzelrichter die Entscheidung einer Kammer (von mindestens drei Richtern) voraussetzt. Der Geschäftverteilungsplan ist durch königliches Dekret auf Rat des *Hoge Raad* anerkannt. Die Frage der Vereinbarkeit des Geschäftsverteilungsplans mit Art. 288 (b) niederländische Zivilprozeßordnung ist daher eine schwierige Frage des niederländischen Rechts, so daß jedenfalls Willkürlichkeit des Utrechter Gerichts bei der Zuweisung an den Einzelrichter ausgeschlossen ist.

285 Recommendation No. R (94) 12, COE C.1.1: „*The distribution of cases should not be influenced by the wishes of any party to a case or any person concerned with the results of the case. Such distribution may, for instance, be made by drawing of lots or a system for automatic distribution according to alphabetic order or some similar system.*" Vgl. auch The Rule of Law and Justice – Achievements of the Council of Europe, DIR/DOC (97)/8, S. 7.

Verneinung einer gerichtsinternen Schutzrichtung des Gerichtsmerkmals der gesetzlichen Grundlage in Art. 6 Abs. 1 S. 1 EMRK, außer wenn ein Fehler der gerichtsinternen Verwaltung als Justizverweigerung oder willkürliche Manipulation des Verfahrensausgangs Außenwirkung hat, d.h. für den gerichtsexternen Bereich relevant ist, stimmt auch mit den rechtsgeschichtlichen Ergebnissen zur gemeinsamen europäischen Verfassungstradition des gesetzlichen Richters überein. Daher erscheint diese Auslegung des Art. 6 Abs. 1 S. 1 EMRK plausibel.

V. Ausblick

Die zentrale Funktion des Richters aus der Sicht der europäischen Rechtsordnungen ist die Gerechtigkeit. Der hier durchgeführte Vergleich zwischen Frankreich, England und Deutschland hat gezeigt, daß die Rechtsbindung der Gerichtsorganisation verfahrensrechtlicher Ausdruck der richterlichen Gerechtigkeitsfunktion ist. „Niemand darf seinem *gerechten* Richter entzogen werden",[286] lassen sich die eingangs zitierten mitgliedsstaatlichen Verfassungsgarantien eines Gesetzesvorbehalts für die richterliche Zuständigkeit umformulieren.

Dient der im Bonner Grundgesetz in Art. 101 Abs. 1 S. 2 niedergelegte Grundsatz des gesetzlichen Richters im Kern der Gerechtigkeit, dann erscheint die Rechtsprechung des BVerfG mit ihrer extensiven Auslegung des Art. 101 Abs. 1 S. 2 GG angesichts der hier gefundenen Vergleichsergebnisse korrekturbedürftig. Nicht jeder, sondern nur ein willkürlicher Verstoß gegen das Vorausbestimmungserfordernis der Geschäftsverteilung und Spruchkörperbesetzung gefährdet die inhaltliche Gerechtigkeit im Sinne der kanonistischen *iustitia ex animo* und sollte daher die Verletzung des grundrechtsgleichen Rechts auf den gesetzlichen Richter begründen.[287]

---

286 *D. Oehler,* Der gesetzliche Richter und die Zuständigkeit in Strafsachen, ZStW 64 (1952), 292, 296. Vgl. auch *E. Marx,* Der gesetzliche Richter im Sinne von Art. 101 Abs. 1 Satz 2 Grundgesetz, Berlin 1969, S. 1: „Der im Bonner Grundgesetz in Art. 101 I 2 niedergelegte Grundsatz des gesetzlichen Richters dient der Gerechtigkeit, und zwar der blinden Gerechtigkeit, die – im positiven Sinn verstanden – die höchste Form der Gerechtigkeit ist, da sie quasi-objektive, offensichtliche und damit aufgewertete Gerechtigkeit bietet."

287 Vgl. dazu *Seif* (Fn 5), S. 310 ff., 324 ff.; *dies.,* Historische Bemerkungen zur Rolle des Richters in Deutschland und England, in: Festschrift für Hans-Joachim Musielak, hrsg. von Chr. Heinrich, München 2004, 536, 555. A. A. *Th. Roth,* Das Grundrecht auf den gesetzlichen Richter, Berlin 2000, S. 192 ff.; *ders.,* Bespr. BGH Beschluß vom 29.9.1999, NJW 2000, 3692 ff.

VI. Summary

1. All throughout Europe, common fundamental features of a court of law are functional independence and impartiality in judicial practice. A pre-established court protects against any discretion when a case comes to court: justice is done by ordinary courts and their judges governed by law. The principal requirement of the continental guarantees of the *legally competent judge* (*gesetzlicher Richter*) or the natural judge (*juge naturel*) is that adjudication must proceed in a court predetermined by law. Both notions are unknown to a common lawyer.

2. In its earliest beginnings the differentiation between ordinary and extraordinary judges is based on the function of justice of the *ordo iudiciarius* contained in the *Decretum Gratiani*. One of the great achievements of Medieval Canon Law is its understanding of judicial competence as a procedural guarantee. The classical Roman procedure did not recognise any plea of lack of jurisdiction. It was not until the *ordo iudiciarius* of Medieval Canon Law that the protection of the parties against conviction resulting from irregularities in the proceedings was recognised. Thus canonists took the language of jurisdiction and reinvented it.

With the mutual influence of scholarly Roman and Canon Law, canonists developed jurisdiction as a procedural guarantee. This concept of judicial power, together with the emerging procedural rules for judicial inquiry, formed the earliest understanding of impartiality by independence in judicial practice. Interestingly enough, this development coincided with the earliest ecclesiastical courts, the so-called *Offizialate*. With the shift from the understanding that the court of bishop was convener of settlement of a dispute as representative of civil power, to a sense of applying learned law in the 12th and 13th century, jurisdiction was *necessarily* considered a guarantee of procedural and textual justice.

3. Interestingly, the *juge naturel* is not a distinct constitutional guarantee in the *Déclaration des Droits de l'Homme et du Citoyen* of 1789. Rather the French guarantees of judges predetermined by law (*juges naturels*) have their roots in the conflict between monarchic centralism and the estates' rights of self-administration originating in the 16th century. Therefore the earliest voices arise from the class protest against monarchic commissions: The contrast between (ordinary) '*office*' and (extraordinary) '*commission*' is a corresponding theme of the attacks from the established courts run by the *noblesse de robe* upon the royal judiciary commissions documented in the *Ordonnances* of the 15th, 16th and 17th centuries.

The notional contrast between '*office*' and '*commission*' also dominates the complaints (*remontrances*) of the *Parlement de Paris* and the estates' books of complaints (*cahiers des doléances*) in the 18th century. Surprisingly, after the restoration of the French crown in the 18th century, pre-revolutionary attitudes towards the *juge naturel* persisted and were reflected now in the *Loi sur l'organisation judiciaire* of 16th to 24th August 1790, and the *Charte constitutionnelle* of 4th June 1814. The *juge naturel* remained a counterpart to judicial commissions.

4. Fundamental to the English courts' system is the centralisation of justice achieved in the 12th century and made possible by the adaptation of Anglo-Saxon institutions after the Norman conquest in 1066. A symbol of the centralisation is the common law displacing local customs. The king's prerogative could not encroach upon the central common-law courts, the Court of King's Bench, the Court of Common Pleas, and the Court of Exchequer. In order to compensate for the common law's strictness, the king's judicial power was allowed to be exercised personally in the Star Chamber, the Court of High Commission, and in the Court of Chancery. In these prerogative courts the monarch exercised justice through politically dependent commissioners at his discretion. In the struggle with the Star Chamber and the Court of High Commission, both abolished in 1641, the common-law opposition to the Stuarts claimed precedence for the common law over the royal prerogative. It is based on the supremacy of law according to Coke's rational concept of common law: Rational common law guarantees predictability and certainty while the prerogative is exercised at discretion. According to the supremacy of law, the royal power is, in principle, subject to the law, the discretion of the prerogative being the exception. This relationship between rule and exception, i.e. between ordinary power subject to the law and discretionary absolute power, is reflected in the ordinary and extraordinary jurisdiction. In English legal history, the supremacy of law ensured the independence of the ordinary jurisdiction: The precedence of common law over the royal prerogative barred the monarch from personally exercising judicial power, except in the rulings of the Court of Chancery, which had developed by the 17th century. The rule of law is the restriction of prerogative: It does not guarantee a certain court or judge for a case, but prevents the monarch from creating prerogative courts.

5. The German courts' history differs from the French or English developments due to the lack of a strong central power. It was the emancipation of the territorial sovereigns from the Holy Roman Empire after the Treaty of Westphalia that caused the earliest conflicts of jurisdiction and motivated the first statements in the doctrine concerning the right to be heard by a competent judge determined by law: The exclusion of the last instance jurisdiction in the imperial chamber court (*Reichskammergericht*) only

allowed the creation of a territorial supreme court as a prerequisite for unifying the jurisdiction in the rising territorial states. Unification of justice took place in the emerging territorial states and came together with a special alliance between enlightenment and sovereign absolutism in the 17th and 18th centuries. Enlightened-absolutist demands for legally competent judges do not aim at a constitutional restriction of the sovereign judicial prerogative, because the judicial prerogative belongs to the special sovereign rights of the regent according to the *ius publicum universale* of the enlightened absolutism. Early constitutional provisions of access to lawfully constituted courts do not grant *a priori* rights of freedom restricting monarchical sovereignty. They express the enlightened monarch's self-commitment to rule by law, with the rational *ratio legis*. Therefore these early constitutional provisions only establish the responsibility of the monarch to deny not arbitrarily access to ordinary courts to those who seek justice, without, of course, defining the limit of arbitrariness for encroachments by the sovereign. They therefore proved ineffective against the judicial arbitrariness of Metternich's system.

As a result of the police state reprisals of the re-established monarchies after Napoleon, liberal literature, influenced by Kant's philosophy, gave rise to the constitutional concept of the guarantee of legally competent judges. This guarantee is now based on the concept of the separation of powers of the 19th century. The monarch's prerogative is bound by the legal regulation of the judicature. This concept was accepted by art. X § 175 Imperial Constitution of 28th March 1849 and influenced the subsequent constitutional regulations in art. 105 Imperial Constitution of 11th August 1919 and in art. 101 section 1 sentence 2 Fundamental Law of 23rd May 1949.

6. Taking into account the common antithesis of ordinary jurisdiction and commission and the corresponding reasoning on the pre-eminence of law over prerogative, the historical comparison reveals a Common European Constitutional Tradition of the guarantee of legally competent judges: the protection against interferences with the judiciary by ad hoc-appointments of specific judges. The differences between French, English and German developments in legal history do not invalidate the assumption of a common protective function underlying particular provisions. The comparison on the basis of protective functions enables a functional similarity to be apparent between the continental European provisions of the guarantee of legally competent judges and the English loophole in the provisions. The protective function of the rule of law and of the principle of the sovereignty of Parliament corresponds to the protective function of the continental European provisions in the sense that it prevents royal prerogative from

arbitrarily establishing prerogative courts, and that it requires a statute for the establishment of a new court. Besides the prohibition of commissions and prerogative courts in the Bill of Rights of 1689, no English provisions can be found that contain a positive guarantee of legally competent judges. Neither common law precedents nor Acts of Parliament contain such a constitutional guarantee. The common law procedure, focusing the judge on case management, makes any provision containing a guarantee of legally competent judges redundant.

7. There is no European consensus for the internal court organisation concerning the allocation of cases (*Geschäftsverteilung*) and the composition of benches (*Spruchkörperbesetzung*). The German guarantee of art. 101 section 1 sentence 2 Fundamental Law (*Grundgesetz*) applies also to the internal sphere, requiring automatic predetermined abstractness for the judge adjudicating a case. Only inner-court arbitrariness violates the French constitutional provision of the natural judge (*juge naturel*). English courts though do not apply general abstract rules for the composition of benches or the allocation of cases. Relying on the strictness of common law it does not matter which English judge adjudicates a case *pars pro toto curiae*. These national differences are conform with the art. 6 section 1 ECHR, which protects against external interferences, but does not apply to the inner-court organization.

VII. Sommaire

1. A l'exception de la Grande-Bretagne, toutes les constitutions européennes contiennent, comme la « *Grundgesetz* » allemande, une garantie du juge naturel. Ces dispositions nationales établissent toutes le principe de la légalité (« *Gesetzesvorbehalt* »), selon lequel les questions de compétence doivent être réglées par la loi.

2. C'est l'un des achèvements éminents du droit canonique d'avoir élaboré une conception de la compétence du juge comme garantie de procédure. Le droit romain classique ne connaissait cependant pas d'exceptions de procédure. Pendant l'époque de la réception du droit romain et la naissance du droit savant, la conception purement locale de la « *iurisdictio* » des légistes subit une transformation profonde : les décretistes et les décrétalistes développent ainsi une garantie de procédure en ce qui concerne la compétence du juge. L'incompétence du juge est donc sanctionnée par la nullité de sa décision. La rationalité de la procédure canonique exige le respect de l'*ordo iudiciarius* formel et l'observation des règles de droit. La

justice procédurale et la justice matérielle constituent donc les deux faces de la même médaille. C'est au juge professionnel qui juge l'affaire lui-même selon le droit savant sans la participation d'un jury de réaliser cette complémentarité : cette idée est mise en œuvre par l'institution de l'official. Et c'est à travers la diffusion de l'officialité que la conception canonique des règles de procédure comme garanties de justice s'est répandue dans les régions de réception du droit romain.

3. Les objectifs de la conception française de la garantie du juge naturel ont leur origine au 16ème siècle où naît le conflit entre le centralisme monarchique et l'administration autonome des Etats. Les premières revendications d'une garantie du juge naturel sont la manifestation du proteste des Etats contre les commissions royales. L'opposition de l'office judiciaire permanent du juge appartenant aux Etats et de la commission extraordinaire du monarque transmet l'idée selon laquelle la violation de l'ordre de compétences entraîne une décision dont le contenu est arbitraire . L'antonymie « office permanent » − « commission » fait souvent l'objet des ordonnances émanant du proteste des Etats contre les commissions judiciaires du roi. Encore au 18ème siècle, l'antonymie de « commissaire » et de justice administrée par des « juges ordinaires » apparaît dans les *remontrances* du *Parlement de Paris* contre les juges extraordinaires . Les « *cahiers des doléances* » des années 1788/89 adoptent eux aussi cette antonymie. La période post-révolutionnaire et sa terminologie peuvent être caractérisées par la continuité avec les idées pré-révolutionnaires : cela concerne notamment la notion du « *juge naturel* » employée dans la « *Loi sur l'organisation judiciaire du 16 au 24 août 1790* » et de la « *Charte constitutionnelle* » du 4 juin 1814, que se trouve dans le contexte de l'interdiction de commissions judiciaires et tribunaux d'exceptions.

4. La centralisation de l'administration de la justice, achevée par une adaptation des institutions anglo-saxonnes après la conquête normande de 1066, est à la base du système judiciaire anglais. La « *common law* », qui supprime comme droit commun les coutumes locales, deviendra le symbole de cette centralisation. La justice retenue des monarques anglais (« *prerogative* ») ne peut pas influencer les tribunaux centraux (« *common law courts* »), c'est-à-dire la « *Court of King's Bench* », la « *Court of Common Pleas* » et la « *Court of Exchequer* ». La justice administrée sous la prérogative royale dans la « *Star Chamber* », la « *Court of High Commission* » et dans la « *Court of Chancery* » a comme objectif de remédier aux défauts du système d'actions de la « *common law* ». Dans ces tribunaux extraordinaires (*prerogative courts*), le monarque faisait administrer la justice de façon discrétionnaire ou même arbitraire par des commissionnaires dépendants de lui, un développement parallèle aux commissions royales de l'*ancien régime* en France.

L'abolition de la « *Star Chamber* » et de la « *Court of High Commission* » en 1641 était l'un des buts de l'opposition des juristes de la « *common law* » contre l'absolutisme des « *Stuarts* ». Cette suprématie du droit se base sur la conception rationnelle de la « *common law* » de Sir Edward Coke. Elle assure l'existence et le fonctionnement de la justice ordinaire en subordonnant la prérogative royale à la loi, car elle exclut le monarque de l'administration de la justice par lui-même, sauf dans les cas où l'équité exige des corrections de la « *common law* » dans la « *Court of Chancery* ». L'indépendance des tribunaux de common law basée sur cette suprématie du « *common law* » est le produit d'un consensus général d'il y a bien longtemps (« *concept of immortality* ») plutôt que d'une institutionnalisation de l'administration judiciaire. L'objectif de la « *rule of law* » n'est donc pas de garantir la compétence d'un juge déterminé, mais d'empêcher la prérogative royale de créer à son gré des tribunaux extraordinaires.

5. En Allemagne, la garantie du juge naturel se développe au moment où les territoires locaux formants le Saint Empire romain germanique s'émancipent du dernier, c'est-à-dire après la paix de Westphalie. L'indépendance et la souveraineté des Etats territoriaux naissent en même temps que le pacte entre l'absolutisme des seigneurs territoriaux avec l'esprit des Lumières au 17ème et 18ème siècle. La garantie du juge naturel élaborée par l'absolutisme illuminé allemand ne vise pas à une limitation constitutionnelle des pouvoirs du monarque. Car dans le « *ius publicum universale* » de l'absolutisme illuminé, le pouvoir judiciaire fait partie des droit souverains inaliénables du monarque, c'est-à-dire des droits liés de façon indivisible au pouvoir souverain. Les objectifs des premières garanties constitutionnelles ont la structure de garanties concédées par le monarque omnipotent. Cet auto-engagement du monarque par une constitution octroyée suit la tradition de l'orientation du monarque illuminé vers le droit, c'est-à-dire vers les fins rationnelles de la loi. Les garanties de l'époque de l'absolutisme illuminée et du début de la période constitutionnelle ont en commun d'être des droits concédés par l'Etat. Elles ne contiennent donc pas de droit existant avant l'Etat mais une autolimitation des pouvoirs du monarque : ce dernier s'engage librement à ne pas soustraire de façon arbitraire un sujet à son juge naturel, sans pour autant établir une définition de la notion de « l'arbitraire ». C'est la raison pour laquelle de telles garanties concédées n'avaient pas d'effet sous la justice arbitraire du système à la Metternich.

Suite aux représailles pendant la restauration, les libéraux – influencés par la philosophie Kantienne – développent une conception de la garantie du juge naturel qui est à la base de l'Etat de droit moderne (« *Rechtsstaat* »). La dérivation de cette garantie de l'idée de l'Etat de droit est fondée sur la doctrine de la séparation des pouvoirs du 19ème siècle. La garantie du juge naturel, basée sur cette conception du principe de la légalité protégeant la liberté, devient ainsi un droit-liberté ou droit constitutionnel de liberté qui exprime la logique négative d'une limite opposée au pouvoir au nom de la protection de la sphère individuelle contre des interventions illégales de l'Etat. Cela se révèle aussi dans le développement suivant de la théorie de l'Etat de droit de la garantie du juge naturel. Dans l'art. X § 175, elle est incorporée dans la constitution du 28 mars 1849 et influence les disposition constitutionnelles suivantes comme l'art. 105 de la constitution du 11 août 1919 et l'art. 101 al. 1 phrase 2 de la loi fondamentale (« *Grundgesetz* ») du 23 mai 1949.

6. La comparaison historique illustre l'origine historique commune à toutes ces garanties du juge naturel : La protection contre l'intervention externe, dirigée contre les commissaires du monarque, doit éviter que la décision soit manipulée par l'institution de certains juges. Les différences du développement français, allemand et anglais n'empêchent pas d'établir un objectif commun de protection. La comparaison de ces objectifs montre la ressemblance des garanties continentales du juge naturel et de la lacune de formulations anglaises. A part de l'interdiction de commissions et de tribunaux extraordinaires dans la « *Bill of Rights* » de 1689, on ne trouve pas de garantie positive du juge naturel en droit anglais. Ni la coutume (*common law*) ni les lois parlementaires (*acts of Parliament*) ne contiennent de garantie constitutionnelle du juge naturel. Le juge saisi, décidant comme « *pars pro toto* », est subordonné aux règles de la « *common law* ». Une garantie positive du juge naturel est donc superflue, car la rigidité de la « *common law* » ne donne aucun pouvoir d'appréciation. Ainsi, chaque juge devrait – au moins théorétiquement – rendre le même jugement. Il résulte de la comparaison des objectifs de protection que la technicité formaliste de la « *common law* » accomplit une fonction équivalente au principe de la légalité pour la compétence des différents organes judiciaires dans les pays continentaux. L'objectif de la « *rule of law* » et du principe de la « *sovereignty of Parliament* » est le même que celui des garanties continentales: il empêche la prérogative royale d'établir des tribunaux extraordinaires (« *prerogative courts* ») à son gré et nécessite une loi (« *statute* ») pour l'institution d'un nouveau tribunal.

7. Dans l'organisation interne des tribunaux (« *Geschäftsverteilung* ») les différences nationales subsistent. Les juristes allemands attribuent un champ d'application assez vaste à la garantie de l'art. 101 al. 1 phrase 2 de la « *Grundgesetz* », de sorte que l'organe judiciaire et sa composition doivent être définis au préalable et de façon abstraite. Dans le droit constitutionnel français, c'est seulement l'intervention arbitraire dans

l'organisation judiciaire qui constitue une atteinte à la garantie du juge naturel. Dans l'organisation judiciaire anglaise, il n'existe pas de chambres permanentes. Il n'y a donc pas de règlement abstrait ni pour la composition des chambres (« *benches* ») ni pour la distribution des affaires (« *allocation of cases* »). La question d'un juge déterminé qui doit trancher le litige ne se pose pas, parce que chaque juge décide « *pars pro toto* » pour le tribunal entier. Les marges d'organisation interne sont le résultat de la confiance particulière dont bénéficient les juges anglais. Les différents systèmes nationaux sont en accord avec la garantie établie par l'art. 6 al. 1 phrase 2 CEDH, qui exprime le consensus européen sur le juge naturel : cette disposition intervient seulement contre des interventions externes avec l'administration judiciaire, alors que l'organisation interne des tribunaux ne fait pas partie de son champ d'application.